Omas Beste

Mittwochskuchen

Weltbild

INHALT

VORWORT

Mittwochskuchen verschönern die Woche und versüßen den Alltag. Mittwochskuchen sind schnell gerührt, geknetet, gefüllt, geformt, glasiert. Wer könnte einem Pumpernickel-, Schokoladenkuchen oder gar einer Erdbeer- oder Champagnersahnetorte widerstehen? Mit wenig Aufwand lässt sich rasch ein verführerischer Leckerbissen zubereiten, mit dem Sie die Familie oder Freunde verwöhnen können. Selbst scheinbar schlichtes Backwerk wie Nusshörnchen begeistert durch seinen Geschmack. Warum also nicht mal den Mittwoch zum Kuchentag machen? Backen hat etwas Sinnliches, es fördert die Kreativität und es entspannt. Je nach Ihrem Zeitplan können Sie sich natürlich auch einen Wiener Boden oder einen Tortenboden beim Bäcker kaufen und ihn mit einer exzellenten Füllung, edlem Belag, feiner Glasur und phantasievoller Garnitur salonfähig machen. Wer aber auf die eigene Backkunst schwört, kann ihn selbst bereiten oder auf Vorrat backen und einfrieren. Entdecken Sie Ihren Lieblings-Mittwochskuchen!
Hinweis: Die verwendeten Eier stammen von frei laufenden Hühnern und haben ein Gewicht von 65–70 Gramm. Sind die von Ihnen verwendeten Eiern sehr klein, können Sie eventuell ein Ei mehr nehmen.

Schnell gerührt

Omas liebster Mittwochskuchen

300 g weiche Butter
300 g Zucker
1 Päckchen Vanillezucker
6 Eier
1 Prise Salz
1 TL abgeriebene, unbehandelte Zitronenschale
300 g Mehl
75 g Stärkemehl
2 TL Backpulver
125 g fein geschnittenes Zitronat

Für die Glasur

200 g Puderzucker
2–3 EL Zitronensaft
2 EL weiche Butter

Außerdem

50 g feinstreifig geschnittenes Zitronat

Die Butter in einer Schüssel schaumig rühren. Zucker und Vanillezucker unterrühren. Nach und nach die Eier, Salz und Zitronenschale einrühren. Mehl, Stärkemehl und Backpulver vermischen und ebenfalls allmählich unterrühren. Zuletzt das Zitronat unter den Teig heben. Eine Springform ausbuttern, den Teig einfüllen und glatt streichen. Im vorgeheizten Backofen bei 200 °C (Gas Stufe 3, Umluft 180 °C) etwa 1 Stunde backen. Her-

ausnehmen, 10 Minuten in der Form lassen, dann zum Auskühlen auf ein Kuchengitter setzen.
Den Puderzucker sieben, mit Zitronensaft und der Butter zu einer dickflüssigen Masse verrühren. Den Kuchen damit überziehen und mit Zitronat verzieren.

Omas Mittwochskuchen mit Schokolade

150 g weiche Butter
200 g Zucker
1 Päckchen Vanillezucker
1 Prise Salz
2 EL Zitronensaft
3 Eier
500 g Mehl
1 Päckchen Backpulver
2 EL Kakao
100 ml Milch
200 g gehackte Blockschokolade
Puderzucker

Die Butter in einer Schüssel schaumig rühren. Nach und nach Zucker, Vanillezucker, Salz, Zitronensaft und Eier einrühren. Mehl, Backpulver und Kakao vermischen und abwechselnd mit der Milch unterrühren. Die Schokolade unterheben. Eine Napfkuchenform ausbuttern, den Teig einfüllen, glatt streichen und im vorgeheizten Backofen bei 200 °C (Gas Stufe 3, Umluft 180 °C) etwa 1 Stunde backen. Herausnehmen, 10 Minuten in der Form lassen, dann zum Auskühlen auf ein Kuchengitter setzen. Leicht mit Puderzucker bestäuben.

Omas feiner Sandkuchen

250 g weiche Butter
200 g Zucker
1 Päckchen Vanillezucker
4 Eier
1 Prise Salz
1/2 TL abgeriebene, unbehandelte Zitronenschale
125 g Mehl
125 g Stärkemehl
1 TL Backpulver
1 EL Zwiebackbrösel für die Form

Für die Glasur

150 g Puderzucker
2 EL Kakao
2 EL zerlassenes Kokosfett

Außerdem

Schokostreusel

Die Butter in einer Schüssel schaumig rühren. Zucker und Vanillezucker unterrühren und so lange rühren, bis die Masse weißschaumig ist. Nach und nach die Eier einrühren. Salz und Zitronenschale zugeben. Mehl, Stärkemehl und Backpulver vermischen, sieben und allmählich unterrühren. Eine Kastenform ausbuttern und mit Zwiebackbröseln ausstreuen. Den Teig einfüllen und

glatt streichen. Im vorgeheizten Backofen bei 200 °C (Gas Stufe 3, Umluft 180 °C) etwa 1 Stunde backen. Herausnehmen, 10 Minuten in der Form lassen, dann auf ein Kuchengitter zum Auskühlen setzen.
Den Puderzucker sieben und mit dem Kakao und mit 1 bis 2 Esslöffel heißem Wasser und dem Kokosfett zu einer dickflüssigen Masse verrühren. Den Kuchen damit glasieren und mit Schokostreuseln garnieren.

Omas Gugelhupf

300 g weiche Butter
250 g Zucker
6 Eier
1 TL abgeriebene, unbehandelte Zitronenschale
6 EL Zitronensaft
1 Prise Salz
300 g Mehl
100 g Stärkemehl
1 Päckchen Backpulver
100 ml Milch

Für die Glasur

100 g Aprikosenkonfitüre
1 EL Obstgeist
200 g Puderzucker
2–3 EL Zitronensaft

Die Butter in einer Schüssel schaumig rühren. Nach und nach Zucker, Eier, Zitronenschale, Zitronensaft und Salz einrühren. Mehl, Stärkemehl und Backpulver vermischen, sieben und abwechselnd mit der Milch unterrüh-

ren. Eine Gugelhupfform ausbuttern, den Teig einfüllen und im vorgeheizten Backofen bei 180 °C (Gas Stufe 2, Umluft 160 °C) etwa 55 Minuten backen. Herausnehmen, noch 10 Minuten in der Form lassen, dann auf ein Kuchengitter zum Auskühlen stürzen.
Die Konfitüre leicht erwärmen, den Obstgeist zufügen und den Kuchen damit überziehen. Den Puderzucker sieben und mit dem Zitronensaft zu einer dickflüssigen Masse verrühren. Den Kuchen damit glasieren.

Napfkuchen mit Schokoladenguss

250 g Rosinen
5 EL Rum
500 g Mehl
30 g Hefe
125 g Zucker
1/4 l Milch
200 g Butter
4 Eier
4 EL Sahne
150 g gehackte Mandeln
Semmelbrösel für die Form

Für die Glasur
200 g Puderzucker
4 EL Kakao
30 g Butter

Die Rosinen waschen, abtropfen lassen und mit dem Rum übergießen. Das Mehl in eine Schüssel sieben, in die Mitte eine Vertiefung drücken. Die Hefe mit 1 Teelöffel Zucker in etwas lauwarmer Milch verquirlen und in die Vertiefung gießen. Etwas Mehl darüber stäuben. Zugedeckt an einem warmen Platz 30 Minuten gehen lassen. Butter, restlichen Zucker, Eier, Sahne und Mandeln auf dem Mehlrand anordnen. Von der Mitte aus die Zutaten vermengen, dabei die restliche Milch und die abgetropften Rosinen zugeben. Den Teig so lange durchkneten, bis er glänzt. Zugedeckt an einem warmen Ort 1 Stunde gehen lassen. Dann den Teig nochmals durchkneten und in eine ausgebutterte und mit Semmelbröseln ausgestreute Napfkuchenform füllen. Im vorgeheizten Backofen bei 200 °C (Gas Stufe 3, Umluft 180 °C) etwa 1 Stunde backen. Herausnehmen und etwas auskühlen lassen.

Für die Glasur den Puderzucker mit dem Kakao vermischen, sieben und mit 2 Esslöffel heißem Wasser zu einer dickflüssigen Masse verrühren. Die Butter zerlassen und unterrühren. Den Kuchen aus der Form nehmen und mit der Schokoladenglasur überziehen.

Napfkuchen mit Haselnüssen

6 Eier
200 g weiche Butter
250 g Zucker
1 Prise Salz
300 g gemahlene Haselnüsse
100 g gehackte Haselnüsse
4 EL Milch
150 g Mehl
50 g Stärkemehl
3 TL Backpulver
100 g zerkleinerte Blockschokolade
100 g zerkleinertes Nougat
3 EL Mandelblättchen für die Form
Puderzucker

Die Eier trennen. Die Butter in eine Schüssel geben und mit dem Zucker schaumig schlagen. Salz und Eigelb zugeben und weiter schlagen. Die Haselnüsse und die Milch unterrühren. Mehl, Stärkemehl und Backpulver vermischen und nach und nach einrühren. Blockschokolade und Nougat untermengen. Die Eiweiße steif schlagen und vorsichtig unterheben. Eine Napfkuchenform ausbuttern und gleichmäßig mit den Mandelblättchen ausstreuen. Den Teig einfüllen, glatt streichen, im vorgeheizten Backofen bei 200 °C (Gas Stufe 3, Umluft 180 °C) etwa 55 Minuten backen. Den Napfkuchen herausnehmen, noch 10 Minuten in der Form lassen, danach auf ein Kuchengitter zum Auskühlen setzen. Zum Schluss mit Puderzucker bestäuben.

Früchtekuchen

Je 100 g Korinthen und Rosinen
2 EL Rum
250 g weiche Butter
250 g Zucker
4 Eier
1/2 TL abgeriebene, unbehandelte Zitronenschale
1 Prise Salz
250 g Mehl
1 TL Backpulver
100 g gehackte Mandeln
60 g fein geschnittenes Zitronat
Puderzucker

Die Korinthen und die Rosinen mit dem Rum beträufeln. Die Butter in einer Schüssel schaumig schlagen. Nach und nach Zucker, Eier, Zitronenschale und Salz unterrühren. Mehl und Backpulver vermischen, sieben und einrühren. Korinthen, Rosinen, Mandeln und Zitronat untermengen. Eine Kastenform ausbuttern, den Teig einfüllen und glatt streichen. Im vorgeheizten Backofen bei 200 °C (Gas Stufe 3, Umluft 180 °C) etwa 50 Minuten backen. Herausnehmen, noch 10 Minuten in der Form lassen, dann zum Auskühlen auf ein Kuchengitter setzen. Mit Puderzucker bestäuben.

Mokkakuchen

200 g weiche Butter
180 g Zucker
1 Päckchen Vanillezucker
4 Eier
1 Prise Salz
300 g Mehl
2 TL Backpulver
1 EL Instant-Kaffee
3 EL Milch
2 EL Kaffeelikör
50 g zerkleinerte Schokolade
100 g gehackte Cashewnüsse
1 EL Zwiebackbrösel für die Form

Für die Glasur

150 g Puderzucker
1 TL Instant-Kaffee
2 EL Kakao
2 EL weiche Butter

Außerdem

Mokkabohnen (Fertigware)

In einer Schüssel die Butter schaumig rühren. Nach und nach Zucker, Vanillezucker, Eier und Salz unterrühren. Mehl und Backpulver vermischen und sieben. Den Instant-Kaffee in der Milch verrühren. Nach und nach Mehl und Kaffeelikör unterrühren. Schokolade und Nüsse unter den Teig heben. Eine Kastenform ausbuttern und mit Zwiebackbröseln ausstreuen. Den Teig einfüllen und glatt streichen. Im vorgeheizten Backofen bei 180 °C (Gas Stufe 2, Umluft 160 °C) etwa 45 Minuten backen. Herausnehmen, 10 Minuten in der Form lassen, dann zum Auskühlen auf ein Kuchengitter setzen.

Den Puderzucker sieben, mit Instant-Kaffee, Kakao, Butter und 2 bis 3 Esslöffel heißem Wasser zu einer dickflüssigen Masse verrühren. Den Kuchen damit überziehen und mit Mokkabohnen verzieren.

Nusskuchen mit Sahne

6 Eier
150 g Zucker
1 Päckchen Vanillezucker
1 Prise Salz
1/2 TL Zimt
100 g Mehl
1 TL Backpulver
200 g gemahlene Haselnüsse

Außerdem
500 g Sahne
2 TL Zucker
2 Päckchen Sahnesteif
100 g geraspelte Schokolade

Die Eier in eine Schüssel geben und schaumig schlagen. Zucker, Vanillezucker, Salz und Zimt vermischen und unter die Eimasse rühren. Mehl und Backpulver vermischen, auf die Eimasse sieben und einrühren. Die Haselnüsse ebenfalls einrühren. Ein Backblech mit Backpapier auslegen, den Teig darauf geben und glatt streichen. Im vorgeheizten Backofen bei 200 °C (Gas Stufe 3, Umluft 180 °C) etwa 15 Minuten backen. Herausnehmen, auf ein mit Zucker bestreutes Geschirrtuch stürzen und das Backpapier abziehen. Auskühlen lassen. Vor dem Servieren die Sahne mit dem Zucker und dem Sahnesteif steif schlagen, auf den Kuchen streichen und mit geraspelter Schokolade bestreuen.

Dresdner Pfundkuchen

8 Eier
500 g weiche Butter
500 g Zucker
Saft von 1 Zitrone
1 TL abgeriebene, unbehandelte Zitronenschale
500 g Mehl
1 Päckchen Backpulver

Für die Glasur
250 g Puderzucker
2 EL weiche Butter

Außerdem
Kandierte Früchte

Die Eier trennen. Die Butter in einer Schüssel schaumig rühren. Zucker, Eigelb, Zitronensaft und Zitronenschale unterrühren. Mehl und Backpulver vermischen, sieben und nach und nach einrühren. Die Eiweiße steif schlagen und unterheben. Eine Napfkuchenform ausbuttern, den Teig einfüllen und glatt streichen. Im vorgeheizten Backofen bei 200 °C (Gas Stufe 3, Umluft 180 °C) etwa 45 Minuten backen. Herausnehmen, noch 10 Mi-

nuten in der Form lassen, dann zum Auskühlen auf ein Kuchengitter setzen.
Den Puderzucker sieben und mit 2 bis 3 Esslöffel heißem Wasser und der Butter zu einer dickflüssigen Masse verrühren. Den Kuchen damit glasieren und mit kandierten Früchten verzieren.

Schneller Mandelkuchen

40 ganze, abgezogene Mandeln
100 g weiche Butter
150 g Zucker
3 Eier
1 Prise Salz
3 EL Mandellikör
150 g Mehl
50 g Stärkemehl
1 TL Backpulver
Puderzucker

Die Mandeln in einer Pfanne ohne Fett rösten. In einer Schüssel die Butter schaumig rühren. Zucker, Eier, Salz und den Mandellikör zugeben. Mehl, Stärkemehl und Backpulver vermischen und unterrühren. Eine Springform ausbuttern, den Teig hineingeben und glatt streichen. Die Mandeln obenauf geben. Im vorgeheizten Backofen bei 200 °C (Gas Stufe 3, Umluft 180 °C) etwa 35 Minuten backen. Mit Puderzucker bestäuben.

Schokoladenkranz

200 g weiche Butter
200 g Zucker
1 Päckchen Vanillezucker
4 Eier
1 Prise Salz
300 g Mehl
1 Päckchen Puddingpulver Schokoladengeschmack
1 Päckchen Backpulver
125 g geriebene Zartbitterschokolade
2–3 EL Milch

Für die Glasur

200 g Puderzucker
3 EL Kakao
2 EL weiche Butter

Die Butter in einer Schüssel schaumig rühren. Zucker und Vanillezucker unterrühren. Nach und nach die Eier und das Salz unterrühren. Mehl, Puddingpulver und Backpulver vermischen und mit der Schokolade unterrühren. Nur so viel Milch zugeben, dass der Teig schwer reißend vom Löffel fällt. Eine Kranzform ausbuttern, den Teig einfüllen, glatt streichen und im vorgeheizten Backofen bei 200 °C (Gas Stufe 3, Umluft 180 °C) etwa 50 Minuten backen. Herausnehmen, noch 10 Minuten in der Form lassen, dann auf ein Kuchengitter zum Auskühlen setzen.
Den Puderzucker sieben, mit dem Kakao, 2 bis 3 Esslöffel heißem Wasser und der Butter zu einer dickflüssigen Masse verrühren. Den Kuchen damit glasieren.

Haselnusskranz

125 g Butter
225 g Zucker
200 g gehackte Haselnüsse
1 Päckchen Vanillezucker
4 Eier
1 Prise Salz
150 g Mehl
80 g Stärkemehl
2 TL Backpulver
100 g zerkleinerte Halbbitterschokolade
Puderzucker

20 Gramm Butter erhitzen, 75 Gramm Zucker zugeben, leicht anbräunen, die Haselnüsse einrühren und goldbraun werden lassen. Vom Herd nehmen, die Masse auf Alufolie geben, auskühlen lassen und zerkleinern. In einer Schüssel die restliche Butter schaumig rühren. Den restlichen Zucker und den Vanillezucker unterrühren. Nach und nach die Eier und das Salz einrühren. Mehl, Stärkemehl und Backpulver vermischen, sieben und allmählich unterrühren. Zerkleinerte Nussmasse und Schokolade unter den Teig heben. Eine Kranzform ausbuttern, den Teig einfüllen und glatt streichen. Im vorgeheizten Backofen bei 200 °C (Gas Stufe 3, Umluft 180 °C) etwa 35 Minuten backen. Herausnehmen, 10 Minuten in der Form lassen, dann auf ein Kuchengitter zum Auskühlen setzen. Mit Puderzucker leicht bestäuben.

Schneller Apfelkuchen

500 g Äpfel
2 EL Zitronensaft
200 g weiche Butter
200 g Zucker
4 Eier
1 Prise Salz
1 TL abgeriebene, unbehandelte Zitronenschale
250 g Mehl
100 g Stärkemehl
2 TL Backpulver
2 EL gehackte Mandeln
Puderzucker

Die Äpfel schälen, erst in Viertel, dann in Spalten schneiden, dabei das Kerngehäuse entfernen. Mit dem Zitronensaft beträufeln und in einen Topf geben. Etwas Wasser zugießen, zum Kochen bringen und 2 Minuten köcheln lassen. Vom Herd nehmen, die Apfelspalten herausnehmen und abtropfen lassen. In einer Schüssel die Butter verrühren, nach und nach 150 Gramm Zucker, die Eier, Salz und Zitronenschale unterrühren. Mehl, Stärkemehl und Backpulver vermischen, sieben und unterrühren. Eine Springform ausbuttern, die Hälfte des Teiges einfüllen, die Apfelspalten darauf geben, den restlichen Zucker und die Mandeln aufstreuen, dann den restlichen Teig darüber streichen. Im vorgeheizten Backofen bei 200 °C (Gas Stufe 3, Umluft 180 °C) etwa 45 Minuten backen. Mit Puderzucker bestäuben.

Schneller Rührkuchen mit Orangenzucker

250 g weiche Butter
250 g Zucker
1 Päckchen Vanillezucker
4 Eier
250 g Mehl
½ Päckchen Backpulver

Außerdem

2 Orangen
1 Zitrone
2 EL Zucker

Die Butter in einer Schüssel schaumig rühren. Nach und nach Zucker, Vanillezucker und Eier unterrühren. Mehl und Backpulver vermischen, sieben und nach und nach einarbeiten. Eine Springform ausbuttern, den Teig einfüllen und glatt streichen. Im vorgeheizten Backofen bei 200 °C (Gas Stufe 3, Umluft 180 °C) etwa 35 Minuten backen. Die Orangen und die Zitrone auspressen. Den Saft mit dem Zucker vermischen, auf den Kuchen gießen und 5 Minuten weiterbacken.

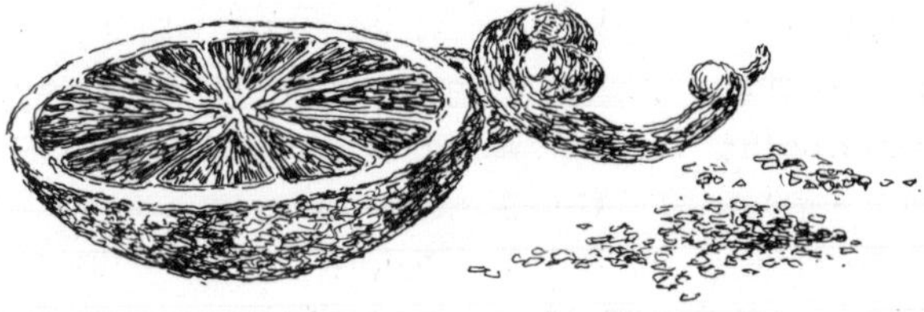

Aprikosenkuchen

6 Eier
200 g gesiebter Puderzucker
1 Päckchen Vanillezucker
200 g Mehl
30 g Stärkemehl
1 TL Backpulver

Für den Belag
2 Dosen Aprikosen
(Abtropfgewicht 480 g)
50 g Mandelstifte

Außerdem
200 g Aprikosenkonfitüre
Puderzucker

Für den Teig die Eier in einer Schüssel schaumig schlagen. Puderzucker und Vanillezucker zugeben und weiterschlagen. Mehl, Stärkemehl und Backpulver mischen, sieben und nach und nach zum Teig geben. Ein Backblech mit Backpapier auslegen, den Teig darauf geben und glatt streichen. Die Aprikosen abtropfen lassen, mit der Wölbung nach oben legen und leicht in den Teig drücken. Die Mandelstifte aufstreuen. Im vorgeheizten Backofen bei 200 °C (Gas Stufe 3, Umluft 180 °C) 20 Minuten backen. Den Kuchen herausnehmen und etwas auskühlen lassen.
Die Aprikosenkonfitüre leicht erwärmen und durch ein Sieb streichen. Die lauwarmen Aprikosen mit der Konfitüre bestreichen. Den Kuchen mit Puderzucker bestäuben.

Versunkener Apfelkuchen

600 g Äpfel
2 EL Zitronensaft
3 Eier
125 g weiche Butter
125 g Zucker
1/2 TL abgeriebene, unbehandelte Zitronenschale
1 Prise Salz
200 g Mehl
1/2 Päckchen Backpulver
3 EL Milch

Außerdem
20 g Butter
2 EL Zucker

Die Äpfel schälen, in Viertel schneiden, dabei das Kerngehäuse entfernen. Die Apfelviertel mit Zitronensaft marinieren. Die Eier trennen. Die Butter in einer Schüssel schaumig rühren. Nach und nach Zucker, Eigelb, Zitronenschale und eine Prise Salz einrühren. Mehl und Backpulver vermischen, sieben und abwechselnd mit der Milch unter die Masse geben. Die Eiweiße steif schlagen und unterheben.
Eine Springform ausbuttern, den Teig hineingeben und glatt streichen. Die Apfelviertel kranzförmig auf dem Teig anordnen und etwas hineindrücken. Im vorgeheizten Backofen bei 200 °C (Gas Stufe 3, Umluft 180 °C) etwa 40 Minuten backen.
Herausnehmen, mit zerlassener Butter bestreichen und mit Zucker bestreuen.

Schneller Sauerkirschkuchen

125 g weiche Butter
125 g Zucker
1 Päckchen Vanillezucker
3 Eier
1 Prise Salz
200 g Mehl
2 TL Backpulver
2–3 EL Milch
750 g entsteinte Sauerkirschen
Puderzucker

In einer Schüssel die Butter schaumig rühren. Nach und nach Zucker, Vanillezucker, Eier und Salz unterrühren. Mehl und Backpulver vermischen, sieben und ebenfalls unter die schaumige Buttermasse rühren. Nur so viel Milch zugeben, dass der Teig schwer reißend vom Löffel fällt.

Eine Springform ausbuttern, den Teig einfüllen und glatt streichen. Die Kirschen obenauf geben.

Im vorgeheizten Backofen bei 200 °C (Gas Stufe 3, Umluft 180 °C) etwa 40 Minuten backen. Den Kuchen herausnehmen, auskühlen lassen und mit Puderzucker bestäuben.

Schneller Birnenkuchen

8 Birnen
4 EL Zitronensaft
250 g weiche Butter
250 g Zucker
1 Päckchen Vanillezucker
4 Eier
1 Prise Salz
300 g Mehl
50 g gemahlener Mohn
50 g Stärkemehl
1 TL Backpulver
4 EL Rum
50 g gemahlene Mandeln

Außerdem
100 g Aprikosenkonfitüre
Puderzucker

Die Birnen schälen, in Spalten schneiden und mit Zitronensaft marinieren. In einer Schüssel die Butter schaumig rühren. Nach und nach Zucker, Vanillezucker, Eier und Salz einrühren. Mehl, Mohn, Stärkemehl und Backpulver vermischen und mit dem Rum unterrühren. Die Mandeln unter den Teig heben. Eine Springform ausbuttern, die Hälfte des Teiges einfüllen, die Hälfte der Birnen darauf geben, dann den restlichen Teig obenauf geben und glatt streichen. Die restlichen Birnen auf dem Teig anordnen. Im vorgeheizten Backofen bei 180 °C (Gas Stufe 2, Umluft 160 °C) etwa 40 Minuten backen. Die Konfitüre erhitzen, durch ein Sieb geben und den Kuchen damit gleichmäßig bestreichen. Mit Puderzucker bestäuben.

Schneller Kastenkuchen

250 g weiche Butter
200 g Zucker
1 Päckchen Vanillezucker
4 Eier
1 Prise Salz
200 g Mehl
50 g Stärkemehl
2 TL Backpulver
150 g gemahlene Mandeln
50 g fein geschnittenes Zitronat
Puderzucker

In einer Schüssel die Butter schaumig rühren. Nach und nach Zucker, Vanillezucker, Eier und Salz unterrühren. Mehl, Stärkemehl und Backpulver vermischen und allmählich unterrühren. Mandeln und Zitronat unterheben. Eine Kastenform ausbuttern, den Teig einfüllen und glatt streichen. Im vorgeheizten Backofen bei 180 °C (Gas Stufe 2, Umluft 160 °C) etwa 1 Stunde und 5 Minuten backen. Herausnehmen, noch 10 Minuten in der Form lassen und auf einem Kuchengitter auskühlen lassen. Mit Puderzucker bestäuben.

Pumpernickelkuchen

500 g Pumpernickel
8 Eier
150 g Butter
150 g Zucker
2 EL fein geschnittenes Zitronat
150 g Korinthen
100 g Sultaninen
2 EL gemahlene Mandeln
1 TL Zimt
1 Prise Nelken

Für die Glasur

200 g Puderzucker
3 EL Zitronensaft

Den Pumpernickel zerkleinern. Die Eier trennen. In einem Topf die Butter erhitzen, vom Herd nehmen, den Zucker zugeben und die Masse rühren, bis sie schaumig ist. Nach und nach die Eigelbe unterrühren. So lange rühren, bis die Masse cremig ist. Zitronat, Korinthen, Sultaninen, Mandeln, Zimt, Nelken und die Pumpernickelkrümel einrühren. Die Eiweiße steif schlagen und unterheben. Eine Springform ausbuttern, den Teig einfüllen und glatt streichen. Im vorgeheizten Backofen bei 180 °C (Gas Stufe 2, Umluft 160 °C) etwa 55 Minuten backen. Herausnehmen, noch 10 Minuten in der Form lassen, auf ein Kuchengitter zum Auskühlen stürzen.
Für die Glasur den Puderzucker sieben und mit dem Zitronensaft zu einer dickflüssigen Masse verrühren und den Kuchen damit überziehen.

Aniskuchen

10 Eier
300 g Zucker
1 TL abgeriebene, unbehandelte Zitronenschale
15 g gemahlener Anis
8 g gemahlener Fenchel
Je 2 EL gehackte Mandeln und fein geschnittenes Zitronat
1 EL fein geschnittenes Orangeat
250 g Mehl
50 g Stärkemehl
1 TL Backpulver

Für die Glasur

125 g Johannisbeergelee
200 g Puderzucker
2–3 EL Zitronensaft
100 g ganze geröstete Mandeln

Eier und Zucker verrühren. Zitronenschale, Anis, Fenchel, Mandeln, Zitronat und Orangeat unterrühren. Mehl, Stärkemehl und Backpulver vermischen, auf die Eimasse sieben und unterheben. Eine Springform ausbuttern, den Teig einfüllen, glatt streichen und im vorgeheizten Backofen bei 200 °C (Gas Stufe 3, Umluft 180 °C) etwa 45 Minuten backen. Herausnehmen, noch 10 Minuten in der Form lassen, dann auf ein Kuchengitter zum Abkühlen stellen.

Das Johannisbeergelee erwärmen und den Kuchen damit gleichmäßig bestreichen. Den Puderzucker sieben, mit dem Zitronensaft zu einer dickflüssigen Masse verrühren. Den Kuchen damit überziehen und mit den Mandeln verzieren.

Huckelkuchen

10 Eigelb
80 g Zucker
8 EL Sonnenblumenöl
120 ml Weinbrand
100 g Mehl
30 g Stärkemehl

Außerdem
50 g zerlassene, ausgekühlte Butter
Saft von 1/2 Zitrone
Puderzucker

Die Eigelbe in eine Schüssel geben und mit dem Zucker schaumig rühren. Öl und Weinbrand unterrühren. Mehl und Stärkemehl vermischen, auf die Eimasse sieben und unterheben. Ein Backblech ausbuttern, den Teig aufstreichen und im vorgeheizten Backofen bei 220 °C (Gas Stufe 4, Umluft 200 °C) etwa 15 Minuten backen. Herausnehmen, einige Minuten auskühlen lassen, dann mit der zerlassenen Butter bestreichen. Mit Zitronensaft beträufeln und mit Puderzucker bestäuben.

Quarkkuchen

250 g Butter
200 g Zucker
1 Päckchen Vanillezucker
6 Eier
1 TL abgeriebene, unbehandelte Zitronenschale
4 EL Zitronensaft
1 Päckchen Puddingpulver Vanillegeschmack
50 g Grieß
1 Päckchen Backpulver
1 Prise Salz
125 g gehackte Mandeln
1,2 kg Quark
Puderzucker

200 Gramm Butter in eine Schüssel geben und schaumig schlagen. Zucker und Vanillezucker einrühren. Die Eier trennen. Nach und nach die Eigelbe unterrühren, Zitronenschale und Zitronensaft zufügen. Puddingpulver, Grieß und Backpulver vermischen und mit dem Salz und den Mandeln zur Buttermasse geben. Gut verrühren. Den Quark in ein Leinentuch füllen, die Molke auspressen, zum Teig geben und alles glatt rühren. Die Eiweiße steif schlagen und unter den Teig heben. Eine Springform ausbuttern, den Teig hineingeben und glatt streichen. Im vorgeheizten Backofen bei 200 °C (Gas Stufe 3, Umluft 180 °C) etwa 1 Stunde backen. Herausnehmen, sofort mit der restlichen Butter bestreichen und mit Puderzucker bestäuben. Kühl stellen.

Möhrentorte

12 Eier
500 g Zucker
500 g geriebene Mandeln
500 g geriebene Möhren
4 EL Arrak
4 EL Stärkemehl
1/2 TL Zimt

Für die Glasur
250 g Puderzucker
3 EL Kakao
3 EL Butter
Aprikosenkonfitüre
1 EL Semmelbrösel für die Form

Die Eier trennen. Die Eigelbe und den Zucker schaumig schlagen, bis sich der Zucker aufgelöst hat. Nach und nach Mandeln, Möhren, Arrak, Stärkemehl und Zimt zugeben und gut verrühren. Die Eiweiße steif schlagen und vorsichtig unter die Möhrenmasse heben. Eine Springform ausbuttern und mit Semmelbröseln ausstreuen. Die Masse hineingeben, glatt streichen und im vorgeheizten Backofen bei 180 °C (Gas Stufe 2, Umluft 160 °C) etwa 40 Minuten backen. Auskühlen lassen.
Für die Glasur Puderzucker und Kakao in eine Schüssel sieben und mit 3 Esslöffel heißem Wasser zu einer dickflüssigen Masse verrühren. Die Butter erhitzen und einrühren. Die Aprikosenkonfitüre ebenfalls erhitzen und die Torte damit bestreichen. Danach mit dem Guss überziehen.

Maronenkuchen

500 g Maronen
$^1/_2$ l Milch
6 Eier
150 g weiche Butter
200 g Zucker
1 Päckchen Vanillezucker
Je 30 g geriebene und gehackte Mandeln
Semmelbrösel für die Form

Für die Glasur
200 g Puderzucker
1 Eiweiß
2 EL Zitronensaft

Außerdem
Kandierte Fruchtstücke

Die Schale der Maronen mit einem scharfen Küchenmesser auf der spitzen Seite kreuzweise einritzen. Ein Backblech mit Backpapier auslegen, die Maronen auflegen und im vorgeheizten Backofen bei 220 °C (Gas Stufe 4, Umluft 200 °C) etwa 8 Minuten rösten und anschließend aus der Schale brechen. Das braune Häutchen um den Kern ebenfalls entfernen. Die Maronen in einen Topf legen, die Milch zugeben, zum Kochen bringen und 3 Minuten köcheln lassen. Durch ein Sieb geben, die Maronenmilch auffangen und beiseite stellen. Die Maronen pürieren. Die Eier trennen. Die Butter und den Zucker in einer Schüssel schaumig rühren. Den Vanillezucker und die Eigelbe unterrühren. Das Maronenpüree, die Mandeln und $^1/_8$ Liter der beiseite gestellten

Maronenmilch einrühren. Die Eiweiße steif schlagen und unterheben. Eine Springform ausbuttern, mit Semmelbröseln ausstreuen, den Teig einfüllen und im vorgeheizten Backofen bei 200 °C (Gas Stufe 3, Umluft 180 °C) etwa 40 Minuten backen.
Aus Puderzucker, Eiweiß und Zitronensaft eine Glasur bereiten. Den ausgekühlten Kuchen damit bestreichen und mit kandierten Früchten garnieren.

Wiener Boden

3 Eier
150 g Zucker
1/2 TL abgeriebene, unbehandelte Zitronenschale
1 Päckchen Vanillezucker
100 g Mehl
100 g Stärkemehl
2 TL Backpulver

Die Eier in eine Schüssel geben und mit 4 Esslöffel heißem Wasser schaumig schlagen. Zucker, Zitronenschale und Vanillezucker darunter schlagen. Mehl, Stärkemehl und Backpulver vermischen, sieben und nach und nach unterrühren. Eine Springform von 26 Zentimeter Durchmesser mit Backpapier auslegen, den Teig hineingeben und glatt streichen. Im vorgeheizten Backofen bei 180 °C (Gas Stufe 2, Umluft 160 °C) etwa 30 Minuten backen. In der Form auskühlen lassen, das Backpapier abziehen, dann den Wiener Boden auf ein Kuchengitter setzen. Füllungen für Wiener Boden → Kapitel *Schnell gefüllt*, Seite 78.

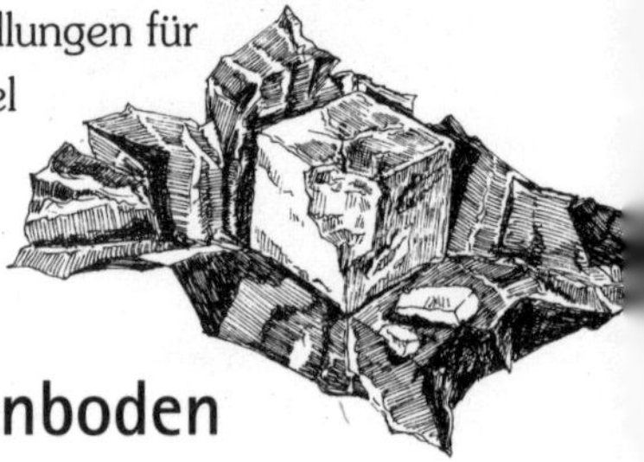

Schneller Tortenboden

80 g weiche Butter
80 g Zucker
1 Päckchen Vanillezucker
1 Prise Salz
2 Eier
125 g Mehl
10 g Stärkemehl
1 TL Backpulver
1 EL Milch

Die Butter in einer Schüssel schaumig rühren. Nach und nach Zucker, Vanillezucker, Salz und Eier unterrühren. Mehl, Stärkemehl und Backpulver vermischen und abwechselnd mit der Milch einrühren. Eine Tortenform von 28 Zentimeter Durchmesser ausbuttern, den Teig einfüllen und glatt streichen. Im vorgeheizten Backofen bei 180 °C (Gas Stufe 2, Umluft 160 °C) etwa 20 Minuten backen. Mit Früchten belegen → Kapitel *Schnell belegt*, Seite 56.

Torteletts

4 Eier
50 g weiche Butter
125 g Zucker
1 Prise Salz
80 g Mehl
50 g Stärkemehl
1 Msp. Backpulver

Die Eier trennen. Die Butter zerlassen und auskühlen lassen. Die Eigelbe mit 4 Esslöffel warmem Wasser schaumig schlagen. Den Zucker zugeben und weiterschlagen, bis die Masse weißschaumig ist. Die Butter einrühren. Die Eiweiße mit dem Salz steif schlagen. Mehl, Stärkemehl und Backpulver vermischen. Den Eischnee auf die Eigelbcreme geben, die Mehlmischung darüber sieben und mit dem Eischnee unterziehen. Tortelettförmchen ausbuttern und mit Mehl ausstreuen. Jeweils etwas Teig einfüllen und glatt streichen. Im vorgeheizten Backofen bei 180 °C (Gas Stufe 2, Umluft 160 °C) etwa 12 Minuten backen. Herausnehmen, 2 bis 3 Minuten in der Form lassen, dann zum Auskühlen auf ein Kuchengitter setzen. Mit Früchten belegen → Kapitel *Schnell belegt*, Seite 56.

TIPP Wenn Sie keine Tortelettförmchen besitzen, können Sie auch Alufolie mit Hilfe eines Trinkglases passend zurechtschneiden und mit Teig auslegen.

Schnell geknetet

Aprikosenkuchen mit Schmant

350 g Mehl
1 TL Backpulver
150 g Zucker
1 Päckchen Vanillezucker
1 Prise Salz
1 Ei
200 g kalte Butter

Für den Belag
250 g Schmant
4 Eier
6 EL Sahne
4 EL Obstgeist
3 EL Zucker
2 EL gemahlene Mandeln
1/2 Päckchen Puddingpulver Mandelgeschmack
1 kg Aprikosen
2 EL gehackte Mandeln

Außerdem
200 g Aprikosenkonfitüre
Puderzucker

Mehl und Backpulver vermischen und in eine Schüssel sieben. In die Mitte eine Vertiefung drücken. Zucker, Vanillezucker, Salz und Ei in die Vertiefung geben, darauf die in Stücke geschnittene kalte Butter legen und mit etwas Mehl bedecken. Von der Mitte die Zutaten rasch zu einem glatten Teig verkneten, zu einer Kugel formen und 30 Minuten kalt stellen.

Für den Belag den Schmant mit Eiern, Sahne, Obstgeist, Zucker, gemahlenen Mandeln und Puddingpulver verrühren. Die Aprikosen überbrühen, häuten, halbieren und entsteinen. Ein Backblech ausbuttern, den Teig darauf ausrollen und mehrmals mit einer Gabel einstechen. Den Schmantbelag darauf geben und glatt streichen. Die Aprikosen auflegen, leicht in den Schmant drücken, die gehackten Mandeln aufstreuen. Im vorgeheizten Backofen bei 180 °C (Gas Stufe 2, Umluft 160 °C) etwa 40 Minuten backen. Herausnehmen und etwas auskühlen lassen. Die Aprikosenkonfitüre leicht erwärmen, durch ein Sieb streichen und die lauwarmen Aprikosen damit überziehen. Den Kuchen mit Puderzucker bestäuben.

Apoldaer Pralinenkuchen

250 g Mehl
1/2 Päckchen Backpulver
125 g Zucker
1 Päckchen Vanillezucker
1 Ei
125 g kalte Butter

Für den Belag

250 g Butter
250 g Zucker
250 g gemahlene Mandeln
2 EL Kakao

Für die Glasur

150 g Nougat
125 g Zucker
125 g zerlassenes, ausgekühltes Kokosfett

Mehl und Backpulver vermischen und in eine Schüssel sieben. In die Mitte eine Vertiefung drücken. Zucker, Vanillezucker und Eier in die Vertiefung geben und mit einem Teil des Mehls zu einem dicklichen Brei vermischen. Die Butter in Stücken auflegen, mit Mehl bedecken, alles von der Mitte her zu einem glatten Teig verkneten. 30 Minuten kalt stellen. Ein Backblech ausbuttern. Den Teig zu einer Rolle formen, auf bemehlter Fläche ausrollen und auf das Backblech geben. Einen Rand hochziehen und den Teig mit einer Gabel mehrmals einstechen.

Für den Belag die Butter zerlassen, Zucker, Mandeln und Kakao einrühren. Die Masse auskühlen lassen, danach den Teig damit bestreichen. Im vorgeheizten Backofen bei 200 °C (Gas Stufe 3, Umluft 180 °C) etwa 25 Minuten backen. Herausnehmen und auskühlen lassen. Für die Glasur Nougat und Zucker verrühren, das Kokosfett esslöffelweise zugeben und unterrühren. Den Kuchen damit bestreichen.

Hefekuchen mit Zimtzucker

500 g Mehl
30 g Hefe
100 g Zucker
1/4 l Milch
125 g Butterschmalz
2 Eier
1 Prise Salz
1 TL abgeriebene, unbehandelte Zitronenschale
125 g geriebene Mandeln
Je 100 g Korinthen und Rosinen
50 g fein geschnittenes Zitronat

Außerdem

100 g Butter in Flöckchen
100 g Zucker
1 TL Zimt

Das Mehl in eine Schüssel sieben, in die Mitte eine Vertiefung drücken. Die Hefe mit 1 Teelöffel Zucker in etwas lauwarmer Milch verrühren, in die Vertiefung gießen, etwas Mehl vom Rand einrühren und einen dicklichen Brei bereiten. Zugedeckt 20 Minuten an einen warmen Platz stellen. Auf dem Mehlrand den restlichen Zucker, Butterschmalz, Eier, Salz und Zitronenschale anordnen. Von der Mitte her die Zutaten zu einem glatten Teig verkneten, dabei die restliche Milch zugeben. Mandeln, Korinthen, Rosinen und Zitronat einarbeiten. Zugedeckt weitere 30 Minuten gehen lassen. Den Teig auf bemehlter Fläche ausrollen. Ein Backblech ausbuttern, den Teig auflegen und mit einer Gabel mehrmals einstechen. Die Butterflöckchen aufsetzen. Zucker und Zimt vermischen, auf den Teig streuen. Weitere 10 Minuten gehen lassen. Im vorgeheizten Backofen bei 200 °C (Gas Stufe 3, Umluft 180 °C) 25 Minuten backen.

Pfirsichkuchen

250 g Mehl
1 Prise Salz
100 g kalte Butter
600 g Pfirsiche
2 EL Zitronensaft
300 g Schmant
2 Eier
2 EL Zucker
1 TL Stärkemehl
80 g Mandelstifte
2 EL Puderzucker

Das Mehl in eine Schüssel sieben, in die Mitte eine Vertiefung drücken. Salz, 4 Esslöffel kaltes Wasser und die Butter in Stücken in die Vertiefung geben, etwas Mehl darüber stäuben. Von der Mitte her alles zu einem glatten Teig verkneten. Eine Kugel formen und 30 Minuten kalt stellen. Die Pfirsiche überbrühen, häuten, halbieren und entsteinen. Die Pfirsichhälften in Spalten schneiden und mit Zitronensaft beträufeln. Den Teig auf bemehlter Fläche ausrollen. Eine Tarteform mit Backpapier auslegen, den Teig einfüllen und mehrmals mit einer Gabel einstechen. 10 Minuten im vorgeheizten Backofen bei 200 °C (Gas Stufe 3, Umluft 180 °C) vorbacken. Schmant, Eier, Zucker und Stärkemehl verrühren, den vorgebackenen Kuchen damit bestreichen und weitere 10 Minuten backen. Die Pfirsichspalten auf der Schmantmasse anordnen und die Mandelstifte aufstreuen. Mit 1 Esslöffel Puderzucker bestäuben und weitere 5 Minuten backen. Herausnehmen, auskühlen lassen und mit dem restlichen Puderzucker bestäuben.

Apfelkuchen mit Gelee

350 g Mehl
1 TL Backpulver
150 g Zucker
1 Päckchen Vanillezucker
1 Prise Salz
1 Ei
200 g kalte Butter

Für den Belag
300 g Schmant
2 Eier
6 EL Sahne
3 EL Obstgeist
3 EL Zucker
2 EL gemahlene Mandeln
1/2 Päckchen Puddingpulver Mandelgeschmack
8 Äpfel
4 EL Zitronensaft
2 EL Mandelstifte

Außerdem
200 g Johannisbeergelee
3 EL Obstgeist
Puderzucker

Mehl und Backpulver vermischen und in eine Schüssel sieben. In die Mitte eine Vertiefung drücken. Zucker, Vanillezucker, Salz und Ei in die Vertiefung geben, darauf die in Stücke geschnittene kalte Butter legen und mit etwas Mehl bedecken. Von der Mitte die Zutaten rasch zu einem glatten Teig verkneten, zu einer Kugel formen und 30 Minuten kalt stellen.

Für den Belag den Schmant mit Eiern, Sahne, Obstgeist, Zucker, Mandeln und Puddingpulver verrühren. Die Äpfel schälen, halbieren, das Kerngehäuse entfernen. Die Apfelhälften mit Zitronensaft marinieren. Ein Backblech ausbuttern, den Teig darauf ausrollen und mehrmals mit einer Gabel einstechen. Den Schmantbelag darauf geben und glatt streichen. Die Apfelhälften mit der Wölbung nach oben aufsetzen und leicht in den Schmant drücken. Die Mandelstifte aufstreuen. Im vorgeheizten Backofen bei 180 °C (Gas Stufe 2, Umluft 160 °C) etwa 40 Minuten backen. Herausnehmen und etwas auskühlen lassen.

Das Johannisbeergelee leicht erwärmen, durch ein Sieb streichen und den Obstgeist zufügen. Die Äpfel damit überziehen. Den Kuchen mit Puderzucker bestäuben.

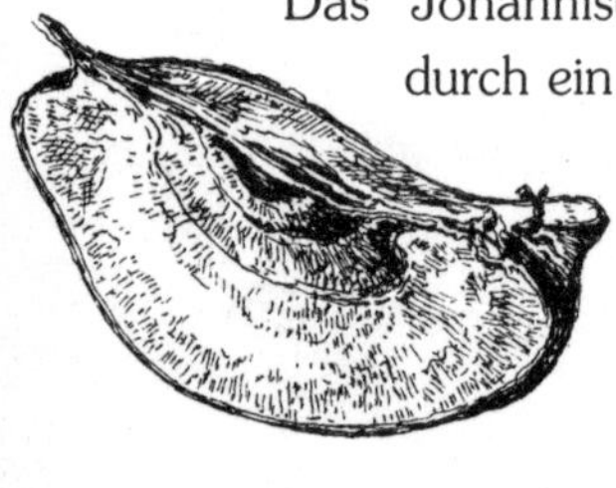

Kokoskuchen

150 g abgetropfter Quark
5 EL Milch
8 EL Öl
3 EL Zucker
1 Päckchen Vanillezucker
1 Ei
1 Prise Salz
400 g Mehl
3 TL Backpulver

Für den Belag

400 g Butter
300 g Zucker
400 g Kokosraspel
4 EL Milch

Für die Glasur

250 g weiße Kuvertüre

Den Quark durch ein Sieb in eine Schüssel streichen. Mit Milch, Öl, Zucker, Vanillezucker, Ei und Salz verrühren. Mehl und Backpulver vermischen, nach und nach unter die Quarkmasse kneten. Ein Backblech ausbuttern. Den Teig auf bemehlter Fläche ausrollen und auf das Blech legen.

Für den Belag die Butter in einen Topf geben, zerlassen und mit dem Zucker verrühren. Die Kokosraspel und die Milch zugeben. Die Masse etwas auskühlen lassen und auf dem Teig verteilen. Im vorgeheizten Backofen bei 180 °C (Gas Stufe 2, Umluft 160 °C) etwa 40 Minuten backen. Herausnehmen und auskühlen lassen. Die Kuvertüre im warmen Wasserbad schmelzen und den Kuchen damit überziehen.

Butterkuchen

500 g Mehl
30 g Hefe
1 EL Zucker
1/4 l Milch
1/2 TL abgeriebene, unbehandelte Zitronenschale
1 Prise Salz

Für den Belag
200 g Zucker
125 g gehackte Haselnusskerne
200 g Butter

Das Mehl in eine Schüssel sieben, in die Mitte eine Vertiefung drücken. Hefe und Zucker in 1/8 Liter lauwarmer Milch verrühren und in die Vertiefung gießen. Etwas Mehl vom Rand dazugeben und einen breiartigen Vorteig herstellen. Zugedeckt an einem warmen Ort 20 Minuten gehen lassen. Auf den Mehlrand Zitronenschale und Salz geben. Alles gut verkneten, dabei die restliche Milch zufügen. Zugedeckt 30 Minuten gehen lassen.
Den Teig durchkneten und auf bemehlter Fläche ausrollen. Ein Backblech ausbuttern, den Teig auflegen, einen Rand hochziehen und den Teig mit einer Gabel mehrmals einstechen. Zucker und Haselnüsse aufstreuen und die Butter in Flöckchen aufsetzen. 10 Minuten gehen lassen. Im vorgeheizten Backofen bei 200 °C (Gas Stufe 3, Umluft 180 °C) etwa 25 Minuten backen.

Heißer Schnorrkuchen

2,5 kg Kartoffeln
(mehlig kochend)
Salz
$^{1}/_{2}$ l Milch
2 EL Kartoffelstärke
1 Ei
Außerdem
500 g Sahnequark
4 Eier
150 g Zucker
1 TL abgeriebene, unbehandelte Zitronenschale
2 EL gehackte Mandeln
150 g Schmant
Puderzucker

Die Kartoffeln schälen und waschen. Ein Drittel der Kartoffeln grob zerkleinern und in Salzwasser garen. Die restlichen Kartoffeln reiben, in ein Leinentuch geben und auspressen, bis sie trocken sind. Knapp $^{1}/_{4}$ Liter Milch erhitzen, die gegarten Kartoffeln abgießen, zerstampfen und die erhitzte Milch unterrühren.
Die trocken gepresste Kartoffelmasse in eine Schüssel geben und mit zwei Gabeln gut auflockern. $^{1}/_{2}$ Teelöffel Salz und den heißen Kartoffelbrei zugeben und alles gründlich verkneten. Das Stärkemehl aufsieben und zusammen mit dem Ei unterkneten. Ein Backblech ausbuttern, den Teig gleichmäßig aufstreichen und im vorgeheizten Backofen bei 200 °C (Gas Stufe 3, Umluft 180 °C) 8 Minuten vorbacken. Inzwischen Quark, Eier,

Zucker, Zitronenschale und Mandeln verrühren. Die Masse auf den vorgebackenen Teig streichen. Den Schmant darüber streichen. Bei gleicher Temperatur noch 25 Minuten backen. Herausnehmen, mit Puderzucker bestäuben und heiß servieren.

Holunderblütenkuchen

500 g Mehl
30 g Hefe
100 g Zucker
1/4 l Milch
2 Eier
1 Prise Salz
80 g Butter
7 frisch gepflückte, gereinigte, ungespritzte Holunderblütendolden
Mehl zum Bearbeiten

Für die Streusel
300 g Mehl
200 g Zucker
1 Päckchen Vanillezucker
200 g Butter

Außerdem
100 ml Holunderblütensirup
Verzuckerte Holunderblütendolden (→ Tipp Seite 47/48)

Das Mehl in eine Schüssel sieben, in die Mitte eine Vertiefung drücken. Die Hefe mit 1 Teelöffel Zucker in etwas lauwarmer Milch verquirlen und in die Vertiefung gießen. Etwas Mehl vom Rand einrühren und einen dicklichen Vorteig bereiten. 20 Minuten zugedeckt an einen warmen Ort stellen. Auf den Mehlrand den restlichen Zucker, Eier, Salz und Butter geben. Die Holunderblüten in kleine Sträußchen schneiden und ebenfalls auf dem Mehlrand verteilen. Von der Mitte alle Zutaten zu einem geschmeidigen Teig verkneten und weitere 30 Minuten zugedeckt gehen lassen. Den Teig auf bemehlter Fläche ausrollen. Ein Backblech ausbuttern, den Teig auflegen und mit einer Gabel mehrmals einstehen.

Für die Streusel das Mehl in eine Schüssel sieben und mit Zucker und Vanillezucker vermischen. Die Butter in Flöckchen dazugeben, alle Zutaten zu Streuseln vermengen und gleichmäßig auf dem Teig verteilen. Im vorgeheizten Backofen bei 200 °C (Gas Stufe 3, Umluft 180 °C) etwa 25 Minuten backen. Herausnehmen, mit Holunderblütensirup beträufeln und mit verzuckerten Holunderblütendolden verzieren.

TIPP Holunderblütensirup lässt sich leicht herstellen. Frisch gepflückte, gereinigte Honderblüten in ein verschließbares Glas geben, das Glas mit Wasser auffüllen und an einen warmen Platz stellen. Wichtig ist, dass alle Blüten mit Wasser bedeckt sind, weil sie sich sonst bräunlich verfärben. Nach 24 Stunden alles durch ein feines Sieb gießen und pro 1/2 Liter Flüssigkeit mit 700 Gramm Zucker und 10 Gramm Ascorbinsäure (aus der Apotheke) verrühren, die Flüssigkeit in ein Glas füllen und 3 Tage an einen warmen Platz stellen. Ab und zu umrühren, damit sich der Zucker auflöst.

Quarkkuchen Ingeborg

160 g Mehl
1 TL Backpulver
75 g Zucker
1 Ei
75 g kalte Butter

Für den Belag
500 g abgetropfter Quark
1 Ei
2 Eigelb
150 g Zucker
1 Päckchen Vanillezucker
Saft von 1 Zitrone
8 EL Öl
1 Päckchen Puddingpulver Vanillegeschmack
1 l Milch

Für die Decke
2 Eiweiß
1 EL Zucker

150 Gramm Mehl und Backpulver vermischen, in eine Schüssel sieben und in die Mitte eine Vertiefung drücken. Zucker und Ei hineingeben, einen Teil des Mehl zufügen und einen dicklichen Brei bereiten. Die Butter in Stücken darauf geben, mit Mehl bedecken, alles rasch zu einem glatten Teig verkneten. Eine Kugel formen und 30 Minuten kalt stellen. Zwei Drittel des Teiges in eine Springform geben und ausrollen. Das restliche Mehl unter den restlichen Teig kneten. Den Teig zu einer Rolle formen und einen 3 Zentimeter hohen Teigrand herstellen. Den Teigboden mehrmals mit einer Gabel einstechen.
Für den Belag den Quark durch ein Sieb in eine Schüssel streichen. Ei, Eigelb, Zucker, Vanillezucker, Zitronensaft und Öl einrühren. Das Puddingpulver in etwas Milch glatt rühren und mit der restlichen Milch zur Quarkmasse geben. Die fast flüssige Masse auf den Teigboden geben und im vorgeheizten Backofen bei 180 °C (Gas Stufe 3, Umluft 160 °C) etwa 45 Minuten backen. Für die Decke die Eiweiße steif schlagen, zuckern, auf den Kuchen geben und weitere 8 Minuten backen.
TIPP Sie können den Kuchen mit kandierten Nelken krönen. Dafür 5 frisch gepflückte, ungespritzte und gereinigte Nelken in leicht aufgeschlagenes Eiweiß von 2 Eiern tauchen, das überflüssige Eiweiß abschütteln und die Blüten ringsum mit feinem Zucker bestreuen

(keinen Puderzucker verwenden). Danach ein Backblech mit Pergamentpapier auslegen, die Blüten auflegen und im vorgeheizten Backofen bei 50 °C trocknen lassen. Die Ofentür spaltbreit geöffnet lassen. Auf die gleiche Weise können Sie Holunderblütendolden, Veilchen, Röschen oder Rosenblütenblätter verzuckern.

Johannisbeerkuchen

200 g abgetropfter Quark
1 Ei
6 EL Milch
125 g Zucker
8 EL Öl, 1 Prise Salz
1/2 TL abgeriebene, unbehandelte Zitronenschale
400 g Mehl
1 Päckchen Backpulver

Für den Belag
400 g Quark
2 EL Zucker
1/2 TL abgeriebene, unbehandelte Zitronenschale
3 Eigelb
1 EL Mehl
1 Eiweiß
1 Prise Salz
1 kg Johannisbeeren

Für den Guss
1 EL Stärkemehl
100 g Zucker
200 ml Milch
4 Eier

Den Quark durch ein Sieb in eine Schüssel streichen. Ei, Milch, Zucker, Öl, Salz und Zitronenschale einarbeiten. Das

Mehl mit dem Backpulver vermischen und nach und nach einarbeiten. Gut verkneten. Ein Backblech ausbuttern. Den Teig auf bemehlter Fläche ausrollen, auf das Backblech legen und einen Rand hochziehen.
Den Quark abtropfen lassen, mit Zucker und Zitronenschale schaumig schlagen. Eigelb und Mehl unterrühren. Das Eiweiß mit dem Salz schaumig schlagen und unterheben. Die Johannisbeeren waschen und von den Rispen streifen. Die Quarkmasse auf dem Teig verteilen, die Johannisbeeren darauf geben. Für den Guss Stärkemehl, Zucker und Milch verrühren, unter Rühren zum Kochen bringen, vom Herd nehmen und etwas auskühlen lassen. Die Eier trennen. Die Eigelbe unterziehen. Die Eiweiße steif schlagen und unterheben. Die Masse über die Johannisbeeren ziehen. Im vorgeheizten Backofen bei 200 °C (Gas Stufe 3, Umluft 180 °C) etwa 30 Minuten backen.

Rhabarberkuchen

400 g Mehl
1 TL Backpulver
150 g Butter
125 g Zucker
1 Ei
1 Prise Salz
1/2 TL abgeriebene, unbehandelte Zitronenschale

Für den Belag
1 kg Rhabarber
1 EL Weißwein
1/4 l Milch
1 Päckchen Puddingpulver Vanillegeschmack
200 g Zucker
200 g Schmant
3 Eier
100 g zerlassene Butter
100 g Mandelblättchen

Mehl und Backpulver vermischen und in eine Schüssel sieben. In die Mitte eine Vertiefung drücken. Die Butter in Stückchen, Zucker, Ei, Salz und Zitronenschale in die Vertiefung geben, mit Mehl bedecken und alles rasch zu einem glatten, geschmeidigen Teig verkneten. 30 Minuten kühl stellen.
Den Rhabarber putzen, waschen, in Stücke schneiden und mit dem Weißwein bei milder Hitze 2 Minuten dünsten. Kühl stellen. Milch und Puddingpulver verrühren. Zucker, Schmant, Eier und Butter unterrühren. Den Teig auf bemehlter Fläche ausrollen. Ein Backblech mit Backpapier auslegen, den Teig darauf geben, mehrmals mit

einer Gabel einstechen und mit Mandelblättchen belegen. Rhabarber auflegen und die Eiermilch darüber verteilen. Im vorgeheizten Backofen bei 200 °C (Gas Stufe 3, Umluft 180 °C) etwa 35 Minuten backen.

Muskuchen

400 g Mehl
25 g Hefe
2 EL Zucker
200 ml Milch
50 g Butter
1 TL abgeriebene, unbehandelte Zitronenschale
1 Prise Salz
Für den Belag
500 g Quark
2 Eier
4 EL Öl
2 EL Zucker
1 EL Mehl
750 g Pflaumenmus
Für den Guss
3 EL Butter
250 g Schmant
1 TL Mehl
3 Eier
2 EL Zucker

Das Mehl in eine Schüssel sieben, in die Mitte eine Vertiefung drücken. Die Hefe mit 1 Teelöffel Zucker in etwas lauwarmer Milch verrühren, in die Vertiefung geben und mit etwas Mehl bestäuben. Restlichen Zucker, Butter, Zitronenschale und Salz auf dem Mehlrand verteilen.

Zugedeckt 20 Minuten gehen lassen. Von der Mitte her die Zutaten verkneten, dabei die restliche Milch zufügen. Zugedeckt 30 Minuten gehen lassen. Den Teig durchkneten und auf bemehlter Fläche ausrollen. Ein Backblech ausbuttern, den Teig darauf geben, einen Rand hochziehen und den Teig mit einer Gabel mehrmals einstechen.

Für den Belag den Quark in eine Schüssel geben und schaumig rühren. Eier, Öl, Zucker und Mehl unterrühren. Die Masse auf den Teig streichen, das Mus darüber geben.

Für den Guss die Butter zerlassen. Sobald sie ausgekühlt ist, mit Schmant, Mehl, Eiern und Zucker verrühren und auf das Pflaumenmus streichen. Im vorgeheizten Backofen bei 180 °C (Gas Stufe 3, Umluft 160 °C) etwa 40 Minuten backen.

Apfelweinkuchen

200 g Mehl
1 TL Backpulver
70 g Zucker
1 Ei
70 g kalte Butter

Für den Belag
3/4 l Apfelwein
200 g Zucker
2 Päckchen Puddingpulver Vanillegeschmack
4 Äpfel
2 Päckchen Vanillezucker

Mehl und Backpulver vermischen, in eine Schüssel sieben und in die Mitte eine Vertiefung drücken. Zucker und Ei in die Vertiefung geben, darauf die in Stücke geschnittene Butter geben, etwas Mehl vom Rand darüber stäuben und von der Mitte her rasch zu einem glatten Teig verkneten. 30 Minuten kalt stellen. Den Teig auf bemehlter Fläche ausrollen. Eine Springform ausbuttern, den Teig einfüllen und einen Rand hochziehen.
Apfelwein, Zucker und Puddingpulver verrühren, zum Kochen bringen, kurz aufwallen lassen und vom Herd nehmen. Die Äpfel schälen und in Spalten schneiden. Die Apfelspalten auf den Teigboden geben und mit Vanillezucker bestreuen. Mit der Puddingmasse überziehen und im vorgeheizten Backofen bei 180 °C (Gas Stufe 2, Umluft 160 °C) etwa 45 Minuten backen.

Weidaer Stachelbeerkuchen

400 g Mehl
25 g Hefe
100 g Zucker
200 ml Milch
100 g weiche Butter
1 Ei
1/2 TL abgeriebene, unbehandelte Zitronenschale
1 Prise Salz

Für den Belag

1 Päckchen Puddingpulver Vanillegeschmack
1/2 l Milch
200 g Zucker
500 g abgetropfter Sahnequark
125 g gehackte Mandeln
4 EL Weinbrand
1,5 kg Stachelbeeren

Für den Guss

5 Eiweiß
125 g Zucker
100 ml Stachelbeersaft

Das Mehl in eine Schüssel sieben, in die Mitte eine Vertiefung drücken. Die Hefe mit 1 Teelöffel Zucker in etwas lauwarmer Milch verrühren und in die Vertiefung gießen. Etwas Mehl vom Rand einrühren und einen dicklichen Vorteig bereiten. Zugedeckt 20 Minuten gehen lassen. Auf dem Mehlrand den restlichen Zucker, die Butter in Flöckchen, das Ei, die Zitronenschale und das Salz anordnen. Von der Mitte her alle Zutaten zu einem glatten Teig verkneten, dabei die restliche Milch zugeben. Zugedeckt 30 Minuten gehen lassen.

Für den Belag das Puddingpulver in etwas kalter Milch verrühren. 3 Esslöffel Zucker unterrühren. Die restliche Milch zum Kochen bringen, das angerührte Puddingpulver einrühren, aufkochen lassen, vom Herd nehmen und auskühlen lassen. Dabei hin und wieder umrühren, damit sich keine Haut bildet. Den Quark mit den Mandeln, dem restlichen Zucker und dem Weinbrand verrühren und mit der Puddingmasse vermischen. Ein Backblech ausbuttern. Den Teig nochmals durchkneten und auf einer bemehlten Arbeitsfläche ausrollen. Auf das Backblech legen, einen Rand hochziehen und den Teig mit einer Gabel mehrmals einstechen. Die Quarkmasse darauf verteilen. Die Stachelbeeren waschen, Stiel und Blütenansätze entfernen. Die Beeren auf der Quarkmasse anordnen. Im vorgeheizten Backofen bei 200 °C (Gas Stufe 3, Umluft 180 °C) 20 Minuten backen.

Für den Guss die Eiweiße steif schlagen, dabei den Zucker einrieseln lassen, zuletzt den Saft zufügen. Den Guss in wellenförmigem Muster auf dem Kuchen verteilen und weitere 10 Minuten backen.

Schnell belegt

Schneller Käsekuchen

200 g Zwiebackbrösel
70 g Butter
600 g Doppelrahm-Frischkäse
150 g Schmant
1/2 TL abgeriebene, unbehandelte Zitronenschale
2 EL Zitronensaft
125 g Zucker
4 Eier
1 EL Mehl

Für die Glasur
150 g Puderzucker
2 EL Kakao
2 EL Butter
3 EL Kokosraspel

Zwiebackbrösel und Butter vermischen. Eine Springform mit Backpapier auslegen, die Brösel hineingeben, verteilen und andrücken. Kalt stellen. Den Frischkäse in eine Schüssel geben. Schmant, Zitronenschale, Zitronensaft, Zucker und Eier zugeben, alles verrühren. Das Mehl darüber sieben und unterrühren. Die Masse auf die Zwiebackbrösel geben und glatt streichen. Im vorgeheizten Backofen bei 160 °C (Gas Stufe 1, Umluft 140 °C) etwa 45 Minuten backen. Herausnehmen, in der Form auskühlen lassen, dann 2 Stunden kalt stellen.

Für die Glasur den Puderzucker sieben und mit dem Kakao, der Butter und 2 bis 3 Esslöffel heißem Wasser zu einer dickflüssigen Masse verrühren. Den Kuchen damit überziehen. Kokosraspel aufstreuen.

Reneklodenkuchen

- 250 g Butter
- 125 g Zucker
- 1 Päckchen Vanillezucker
- 4 Eier
- 1 Prise Salz
- 1/2 TL abgeriebene, unbehandelte Zitronenschale
- 2 EL gehackte Mandeln
- 300 g Mehl
- 2 TL Backpulver
- 1 kg Renekloden
- 2 EL Rohrzucker

Die Butter in einer Schüssel schaumig rühren. Nach und nach Zucker, Vanillezucker, Eier, Salz, Zitronenschale und Mandeln unterrühren. Mehl und Backpulver vermischen, sieben und allmählich unterrühren. Ein Backblech mit Backpapier auslegen, den Teig darauf geben und glatt streichen. Die Renekloden halbieren, entsteinen und auf den Teig geben, Rohrzucker aufstreuen. Im vorgeheizten Backofen bei 200 °C (Gas Stufe 3, Umluft 180 °C) etwa 25 Minuten backen.

Zwetschgen-Mirabellen-Kuchen

300 g Blätterteig (tiefgekühlt)
300 g Zwetschgen
300 g Mirabellen
100 g gehackte Haselnüsse
Puderzucker

Den Blätterteig auftauen und ausrollen. Zwetschgen und Mirabellen halbieren und entsteinen. Ein Kuchenblech mit kaltem Wasser abspülen, den ausgerollten Teig darauf geben. Die Früchte darauf anordnen, die Haselnüsse aufstreuen. Im vorgeheizten Backofen bei 200 °C (Gas Stufe 3, Umluft 180 °C) etwa 20 Minuten backen. Herausnehmen und mit Puderzucker bestäuben.

Aprikosentorte

1 Tortenboden (Fertigware oder → Seite 32)
1/2 Päckchen Puddingpulver Vanillegeschmack
100 g Zucker
1/4 l Milch
125 g Butter
1,2 kg Aprikosen
150 g ganze geschälte Mandeln

Den Tortenboden bereit legen. Für die Creme das Puddingpulver mit 2 Esslöffel Zucker in etwas kalter Milch

verquirlen. Die restliche Milch zum Kochen bringen, das angerührte Puddingpulver einrühren, aufkochen lassen, vom Herd nehmen und auf Zimmertemperatur auskühlen lassen. Mehrmals umrühren, damit sich keine Haut bildet. Die Butter schaumig schlagen und den Pudding esslöffelweise einrühren. Die Creme kühl stellen.
Die Aprikosen waschen, trockentupfen, halbieren und entsteinen. 300 Gramm Aprikosen klein schneiden. Mit dem restlichen Zucker in einen Topf geben, erhitzen und unter ständigem Rühren 4 Minuten kochen lassen, anschließend pürieren. Die Mandeln in einer Pfanne ohne Fett goldgelb rösten. Den Tortenboden mit der Creme bestreichen. Die Aprikosenhälften mit der Öffnung nach oben darauf anordnen. In jede Aprikosenhälfte 2 geröstete Mandeln legen. Das Aprikosenpüree erhitzen, durch ein Sieb geben und die Früchte damit überziehen.

Erdbeertorte

3 Eier
100 g Zucker
2 EL Milch
1/2 TL abgeriebene, unbehandelte Zitronenschale
150 g gemahlene Haselnüsse
1 EL Mehl
1 Msp. Backpulver

Für den Belag
500 g kleine Erdbeeren
250 g Sahne
1 Päckchen Vanillezucker
1 Päckchen Sahnefestiger

Außerdem
Geraspelte Zartbitterschokolade

Eier und Zucker schaumig rühren. Milch, Zitronenschale, Haselnüsse, Mehl und Backpulver unterrühren. Eine Springform mit Backpapier belegen, den Teig hineingeben und glatt streichen. Im vorgeheizten Backofen bei 180 °C (Gas Stufe 2, Umluft 160 °C) etwa 30 Minuten backen. Herausnehmen, auf ein Kuchengitter geben, auskühlen lassen, dann das Papier abziehen.
Die Erdbeeren waschen und putzen. Die Sahne mit dem Vanillezucker und dem Sahnefestiger steif schlagen. Die Hälfte der Creme auf den Teig streichen, die Erdbeeren dicht darauf anordnen. Die restliche Sahne in einen Spritzbeutel mit Sterntülle füllen, die Torte ringsum mit Rosetten bespritzen. Die Rosetten mit geraspelter Schokolade bestreuen.

Kiwi-Sahne-Torte

100 g weiche Butter
100 g Zucker
1 Päckchen Vanillezucker
1 Prise Salz
2 Eier
125 g Mehl
30 g Stärkemehl
1 TL Backpulver
1 EL gemahlene Mandeln
2 EL Milch
Für die Creme
6 Blatt weiße Gelatine
250 g Sahnejoghurt
125 g Zucker
2 EL Limettensaft
1/2 TL abgeriebene, unbehandelte Limettenschale
1 EL Himbeergeist
250 g Sahne
Außerdem
5 Kiwis
125 g Himbeeren
1 EL geröstete Mandelblättchen

Butter, Zucker, Vanillezucker und Salz schaumig rühren, die Eier unterrühren. Mehl, Stärkemehl und Backpulver vermischen, auf die Buttermischung sieben und mit den Mandeln und der Milch unterrühren. Eine Springform mit Backpapier belegen. Den Teig hineingeben und glatt streichen. Im vorgeheizten Backofen bei 200 °C (Gas Stufe 3, Umluft 180 °C) etwa 20 Minuten backen. Auskühlen lassen und auf eine Tortenplatte geben.
Für die Creme die Gelatine in etwas kaltem Wasser einweichen. Joghurt, Zucker, Limettensaft und -schale ver-

rühren. Die Gelatine ausdrücken, in leicht erwärmtem Himbeergeist auflösen, unter die Creme rühren und kalt stellen. Sobald die Masse zu gelieren beginnt, die Sahne steif schlagen und unterheben. Kalt stellen. Die Kiwis schälen und in Scheiben schneiden. Die Himbeeren kurz abbrausen. Die Creme auf den Tortenboden streichen. Die Kiwischeiben überlappend wie zu einer Blüte auf dem Tortenrand anordnen. In die Mitte die Himbeeren setzen und mit Mandelblättchen bestreuen.

Joghurt-Himbeer-Torte

100 g weiche Butter
90 g Zucker
1/2 TL abgeriebene, unbehandelte Zitronenschale
1 Prise Salz
2 Eier
2 EL Milch
125 g Mehl
10 g Stärkemehl
2 EL Kakao
1 TL Backpulver
1 EL gemahlene Mandeln

Für die Joghurtsahne
6 Blatt weiße Gelatine
2 EL Orangenlikör
125 g Zucker
2 EL Zitronensaft
350 g Joghurt
250 g Sahne

Außerdem
750 g Himbeeren
3 EL Himbeerkonfitüre
1 EL Himbeergeist
2 Karambolen

In einer Schüssel Butter und Zucker schaumig schlagen, Zitronenschale, Salz, Eier und Milch unterschlagen. Mehl, Stärkemehl, Kakao und Backpulver aufsieben und mit den Mandeln unterheben. Eine Springform mit Backpapier auslegen, den Teig einfüllen, glatt streichen und im vorgeheizten Backofen bei 200 °C (Gas Stufe 3, Umluft 180 °C) etwa 20 Minuten backen. Herausnehmen, auskühlen lassen, dann das Papier abziehen.
Für die Sahne die Gelatine in kaltem Wasser einweichen, ausdrücken und in erwärmtem Orangenlikör auflösen. Mit Zucker, Zitronensaft und Joghurt verrühren. Kalt stellen. Sobald die Masse zu gelieren beginnt, die Sahne steif schlagen und unterheben. Kalt stellen. Die Himbeeren kurz abbrausen. Den Tortenboden mit der Sahne bestreichen, die Himbeeren auf der Sahne anordnen. Die Konfitüre durch ein Sieb streichen, mit dem Himbeergeist verrühren, leicht erwärmen und über die Himbeeren geben. Die Karambolen waschen, die Kanten etwa 1 Millimeter dick abschneiden, die Früchte in Scheiben schneiden und ringsum auf der Torte anordnen.

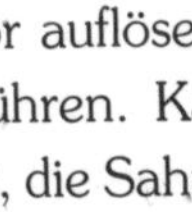

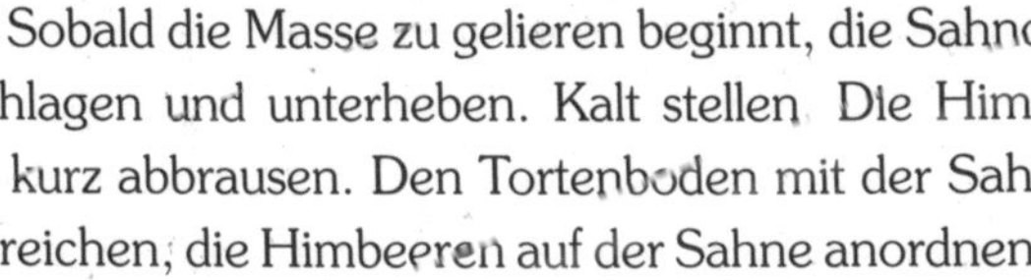

Schaumtorte

8 Eiweiß
1 EL Zitronensaft
400 g Puderzucker
2 EL Stärkemehl
60 g gemahlene Mandeln
Für den Guss
1 Blatt weiße Gelatine
200 g Himbeeren
1 EL Zucker
2 EL Johannisbeersaft
3 EL Weißwein
Für den Belag
700 g frische Himbeeren

Die Eiweiße steif schlagen, dabei nach und nach Zitronensaft, Puderzucker und Stärkemehl zufügen. Zuletzt die Mandeln vorsichtig unterheben. Die Masse muss schnittfest sein. Den Boden einer Springform mit Backpapier auslegen. Drei Viertel der Baisermasse in einen Spritzbeutel mit glatter Tülle füllen und spiralförmig von der Mitte aus eine gleichmäßige Schicht auf das Papier spritzen. Die restliche Masse in einen Spritzbeutel mit Sterntülle geben und auf den Teigrand ringsum Rosetten aufspritzen. Den Baiserboden im vorgeheizten Backofen bei 90 °C etwa 1 Stunde trocknen lassen. Im Ofen auskühlen lassen. Aus der Form nehmen, das Backpapier entfernen. Für den Guss die Gelatine in etwas kaltem Wasser einweichen. Die Himbeeren in einen Topf füllen. Zucker, Johannisbeersaft und Weißwein zufügen, erhitzen und kurz aufwallen lassen. Vom Herd nehmen und durch ein Sieb streichen. Die Gelatine ausdrücken, zur Himbeermasse geben und glatt rühren. Die Himbeeren kurz abbrausen und die Torte damit belegen. Dabei darauf achten, dass die geschlossene Seite der Beeren oben ist. Das Himbeergelee über die Beeren ziehen.

Cremetorte mit Lavendel

200 g Blätterteig (tiefgekühlt)
100 g Zucker
1 Prise Salz
1 Päckchen Vanillezucker
100 g Mehl
1 Ei
2 Eigelb
4 EL Milch
300 g Sahne
1 EL getrocknete Lavendelblüten
125 g Marzipan-Rohmasse
2 EL gehackte Mandeln
30 g Butter

Für die Glasur

150 g Puderzucker
30 g weiche Butter

Außerdem

40 g gemahlene Pistazien
Einige Lavendelblüten

Den Blätterteig auftauen. Zucker, Salz und Vanillezucker in einen Topf geben. Das Mehl darüber sieben. Das Ei und die Eigelbe verquirlen und ebenfalls in den Topf

geben. Alles gut vermischen. In einem zweiten Topf Milch und Sahne erhitzen, vom Herd nehmen, die Lavendelblüten hineingeben und 15 Minuten darin ziehen lassen. Durch ein Sieb geben. In der Lavendelsahne die zerkleinerte Marzipan-Rohmasse verrühren, die gehackten Mandeln und die Butter zufügen, erhitzen, kurz aufwallen lassen und unter Rühren zur Mehlmasse geben. Kräftig weiterrühren, bis die Masse glatt ist. Auskühlen lassen.
Den aufgetauten Blätterteig auf bemehlter Fläche ausrollen. Eine Springform mit Backpapier auslegen, den Blätterteig darauf geben. Den Teigboden mehrmals mit einer Gabel einstechen. Die Creme darauf verteilen und glatt streichen. Im vorgeheizten Backofen bei 200 °C (Gas Stufe 3, Umluft 180 °C) etwa 15 Minuten backen. Herausnehmen, auskühlen lassen, dann aus der Form nehmen. Für die Glasur den Puderzucker in eine Schüssel sieben, mit 1 bis 2 Esslöffel Wasser und zerlassener, ausgekühlter Butter verrühren. Die Torte damit überziehen. Mit Pistazien und Lavendelblüten verzieren.

Kalte Pfirsichtorte

225 g Löffelbiskuits
200 g weiche Butter
4 Blatt weiße Gelatine
100 g Zucker
4 Eigelb
1 TL abgeriebene, unbehandelte Zitronenschale
4 EL Zitronensaft
600 g Mascarpone
400 g Sahne
6 Pfirsiche
100 g geraspelte weiße Kuvertüre

Die Löffelbiskuits zerbröseln und mit 100 Gramm Butter verarbeiten. Den Boden einer Springform mit Backpapier auslegen, die Biskuitmasse darauf geben. Im vorgeheizten Backofen bei 180 °C (Gas Stufe 2, Umluft 160 °C) 10 Minuten backen. Herausnehmen und auskühlen lassen.
Die Gelatine in etwas kaltem Wasser einweichen. Die restliche Butter mit Zucker und Eigelb schaumig schlagen. Zitronenschale, Zitronensaft und Mascarpone unterschlagen. Die Gelatine tropfnass in einem kleinen Topf bei geringer Hitze auflösen und unterziehen. Die Sahne steif schlagen und unterheben. Den Rand der Springform einfetten und Backpapierstreifen anlegen. Die Sahnemasse auf den Biskuitboden geben und glatt streichen. 3 bis 4 Stunden in den Tiefkühlschrank geben.

Die Torte aus der Form nehmen und auf einen Kuchenteller setzen. Die Pfirsiche überbrühen, die Haut abziehen, die Pfirsiche halbieren, entsteinen und in Spalten schneiden. Auf der Torte anordnen und mit geraspelter Kuvertüre garnieren.

Erdbeertorte mit Kuvertüre

2 Eier
125 g Zucker
1 Päckchen Vanillezucker
1 Prise Salz
100 g Mehl
3 EL Stärkemehl
1/2 TL Backpulver

Für die Creme

125 g weiche Butter
125 g Puderzucker
1 EL Himbeergeist
200 g Sahne

Außerdem

700 g Erdbeeren
4 EL Himbeerkonfitüre
1 EL Himbeergeist
100 g geraspelte weiße Kuvertüre

Die Eier trennen. Die Eigelbe in einer Schüssel mit 2 Esslöffel warmem Wasser schaumig schlagen. Nach und nach Zucker und Vanillezucker einrühren. Weiterrühren, bis die Masse cremig ist. Die Eiweiße mit dem Salz steif schlagen und unter die Creme heben. Mehl, Stärkemehl und Backpulver vermischen, auf die Eimasse sieben und

vorsichtig unterheben. Eine Springform mit Backpapier auslegen. Den Teig hineingeben und glatt streichen. Im vorgeheizten Backofen bei 200 °C (Gas Stufe 3, Umluft 180 °C) etwa 15 Minuten backen. Aus der Form lösen, das Backpapier entfernen. Den Tortenboden zum Auskühlen auf ein Kuchengitter geben.
Für die Creme die Butter in eine Schüssel geben und schaumig schlagen. Den Puderzucker sieben und nach und nach einrühren. Weiterrühren, bis die Masse cremig ist. Kalt stellen. Himbeergeist und steif geschlagene Sahne unterziehen. Die Erdbeeren waschen und putzen. Den Tortenboden mit der Creme bestreichen, die Erdbeeren in der Mitte dicht anordnen und zwar so, dass ringsum ein 3 Zentimeter breiter Rand bleibt. Die Konfitüre leicht erwärmen, den Himbeergeist zugeben und alles durch ein feines Sieb streichen. Die Erdbeeren mit der Konfitüre überziehen. Auf dem Rand die geraspelte Kuvertüre verteilen.

Schnelle Cremetorte

1 Tortenboden (Fertigware oder → Seite 32)
250 g weiche Butter
250 g Puderzucker
250 g Sahne
3 EL Himbeergeist
750 g Erdbeeren

Außerdem
150 g Himbeerkonfitüre
1 EL Himbeergeist
150 g geraspelte weiße Kuvertüre

Den Tortenboden bereit legen. Die Butter in eine Schüssel geben und schaumig schlagen. Den Puderzucker sieben und nach und nach einrühren. Weiterrühren, bis die Masse cremig ist und kalt stellen. Die Sahne steif schlagen. Den Himbeergeist und die geschlagene Sahne unter die Creme ziehen. Die Erdbeeren waschen und putzen. Den Tortenboden mit der Creme bestreichen, die Erdbeeren in der Mitte dicht anordnen und zwar so, dass ringsum ein 3 bis 4 Zentimeter breiter Rand bleibt. Die Konfitüre leicht erwärmen, den Himbeergeist zugeben. Alles durch ein feines Sieb streichen. Die Erdbeeren mit der Konfitüre überziehen. Auf dem Rand die geraspelte Kuvertüre verteilen.

Schnelle Mandeltorte mit Beeren

125 g Mandelblättchen
250 g weiße Kuvertüre
1 TL Öl
125 g Cornflakes
500 g Brombeeren
200 g Erdbeeren
1 Blatt weiße Gelatine
2 TL Zucker
2 EL Weinbrand
300 g Sahne
2 Minzezweige

Die Mandelblättchen in einer Pfanne ohne Fettzugabe goldgelb rösten. Die Kuvertüre zerkleinern und mit dem Öl über dem Wasserbad schmelzen, Mandeln und Cornflakes untermischen. Eine Springform mit Backpapier belegen, die Mandelmasse einfüllen, glatt streichen und über Nacht bei Zimmertemperatur fest werden lassen.

Die Beeren waschen und putzen. Die Gelatine in etwas kaltem Wasser einweichen. Die Erdbeeren pürieren, den Zucker zugeben. Die Gelatine ausdrücken. In leicht erwärmtem Weinbrand auflösen und unter das Erdbeerpüree rühren. Kalt stellen. Die Sahne steif schlagen und auf den Mandelboden streichen. Die Brombeeren darauf verteilen und mit dem Püree überziehen. Kalt stellen. Die Minzeblättchen abzupfen, abbrausen, trockenschwenken und die Torte damit verzieren.

Beerentorte mit Guss

1 Tortenboden (Fertigware oder → Seite 32)
400 g Brombeeren
200 g Himbeeren
3 EL Zucker
1 Päckchen roter Tortenguss
125 g Sahne
2 EL gemahlene Pistazien

Den Tortenboden bereit legen. Die Brombeeren und die Himbeeren waschen und abtropfen lassen. Kurz vor dem Servieren die Beeren auf den Tortenboden legen und mit 2 Esslöffel Zucker bestreuen. Den Tortenguss nach Vorschrift zubereiten und die Beeren damit überziehen. Die Sahne mit dem restlichen Zucker steif schlagen. Sahnekleckse auf den Tortenrand setzen und mit Pistazien garnieren.

Heidelbeertorte

1 Tortenboden (Fertigware oder → Seite 32)
2 Blatt weiße Gelatine
3 EL Himbeergeist
400 g Sahne
1 EL Zitronensaft
50 g Puderzucker
800 g Heidelbeeren
4 EL Himbeerkonfitüre

Den Tortenboden bereit legen. Die Gelatine in etwas kaltem Wasser einweichen, ausdrücken und in leicht erwärmtem Himbeergeist auflösen. Die Sahne steif schlagen, dabei Zitronensaft und Puderzucker und zuletzt die aufgelöste Gelatine unterziehen. Den Tortenboden damit bestreichen. Die Heidelbeeren waschen, abtropfen lassen und auf der Torte anordnen. Den Tortenrand mit der Konfitüre bestreichen.

Datteltorte

- 1 Tortenboden (Fertigware oder → Seite 32)
- 4 Blatt weiße Gelatine
- 3 Eier
- 250 g frische Datteln
- 100 g Puderzucker
- 1 TL abgeriebene, unbehandelte Zitronenschale
- 2 EL Zitronensaft
- 200 ml trockener Weißwein
- 3 EL geröstete Mandelblättchen
- 250 g Sahne
- 1 Päckchen Vanillezucker
- 1 TL Zucker

Den Tortenboden bereit legen. Die Gelatine in etwas kaltem Wasser einweichen. Die Eier trennen. Die Datteln häuten und klein schneiden. Eigelb und Puderzucker schaumig rühren. Zitronenschale, Zitronensaft und

Weißwein untermengen. Die Gelatine tropfnass bei geringer Hitze auflösen und in die Eimasse einrühren. Kalt stellen. Sobald die Masse zu gelieren beginnt, die Dattelwürfel untermischen. Die Eiweiße steif schlagen und unterheben. Die Masse auf den Tortenboden geben, die Mandelblättchen aufstreuen. Kalt stellen.
Vor dem Servieren die Sahne mit dem Vanillezucker und dem Zucker steif schlagen und dazureichen.

Blätterteigtorte mit Fruchtsahne

400 g Blätterteig (tiefgekühlt)
4 Blatt weiße Gelatine
4 EL Himbeergeist
750 g Sahne
2 TL Zucker
1 kg Erdbeeren
200 g Erdbeerkonfitüre

Für die Glasur

175 g Puderzucker
2 EL Zitronensaft
1 1/2 EL weiche Butter

Den Blätterteig auftauen, dann auf bemehlter Fläche ausrollen. Drei Böden von 26 Zentimeter Durchmesser ausschneiden, hintereinander im vorgeheizten Backofen bei 200 °C (Gas Stufe 3, Umluft 180 °C) etwa 15 Minuten backen, danach auskühlen lassen. Die Gelatine in etwas kaltem Wasser einweichen, ausdrücken und in

2 Esslöffel leicht erwärmtem Himbeergeist auflösen. Die Sahne mit dem Zucker steif schlagen. Erst 2 Esslöffel Sahne unter die Gelatine rühren, dann die restliche Sahne unterheben. Kalt stellen. Die Erdbeeren waschen, putzen und halbieren. Erdbeerkonfitüre und restlichen Himbeergeist verrühren, leicht erwärmen und abkühlen lassen. Auf einen Tortenboden streichen.

Puderzucker sieben, mit Zitronensaft und weicher Butter glatt rühren. Einen Tortenboden glasieren. Trocknen lassen und in zwölf gleich große Stücke schneiden. Einen weiteren Tortenboden mit einem Drittel der Sahne bestreichen und der Hälfte der Erdbeeren belegen. Den restlichen Tortenboden aufsetzen, mit einem weiteren Drittel der Sahne bestreichen und mit den restlichen Erdbeeren belegen. Die restliche Sahne in einen Spritzbeutel füllen und Rosetten auf den Tortenrand spritzen. Die glasierten Bodenstücke zwischen die Rosetten setzen.

Bunte Obsttörtchen

12 Torteletts (Fertigware oder → Seite 33)
1 Päckchen Puddingpulver Vanillegeschmack
2 EL Zucker
1/4 l Milch
250 g Sahne
750 g Beerenobst

Für den Guss

1 Päckchen klarer Tortenguss
1/4 l Himbeersaft
2 EL Zucker

Die Torteletts bereitlegen. Das Puddingpulver mit dem Zucker in etwas kalter Milch glatt rühren. Die restliche Milch mit der Sahne in einen Topf geben, zum Kochen bringen, das angerührte Puddingpulver hineingeben. Unter Rühren kurz aufkochen lassen, vom Herd nehmen und auskühlen lassen. Ab und zu umrühren, damit sich keine Haut bildet.

Das Beerenobst waschen, putzen und mit Küchenpapier trockentupfen. Auf den Torteletts den Pudding und die Beeren verteilen. Anschließend den Tortenguss mit etwas Fruchtsaft und dem Zucker verrühren. Den restlichen Saft zum Kochen bringen, den angerührten Guss untermischen und kurz aufkochen lassen. Vom Herd nehmen. Sobald der Guss zu gelieren beginnt, die Beeren damit gleichmäßig überziehen.

Aprikosentörtchen

450 g Blätterteig (tiefgekühlt)
500 g Aprikosen
3 EL Zitronensaft
250 g abgetropfter Quark
2 EL Zucker
1 Päckchen Vanillezucker
1 Eigelb
2 EL Sahne

Außerdem

1 Eigelb
1 EL Sahne
150 g Aprikosenkonfitüre
2 EL Obstgeist

Den Blätterteig auftauen. Die Aprikosen überbrühen, häuten, halbieren, entsteinen und mit Zitronensaft beträufeln. Den Quark in eine Schüssel geben und mit Zucker, Vanillezucker, Eigelb und Sahne verrühren. Kalt stellen. Den Blätterteig ausrollen, Quadrate von 10 mal 10 Zentimetern schneiden. Ein Backblech mit Backpapier belegen, die Quadrate darauf anordnen. Eigelb und Sahne verrühren, die Ränder der Teigquadrate damit bestreichen. Jede Aprikosenhälfte mit der Quarkmischung füllen und mit der gewölbten Seite nach oben auf die Teigquadrate setzen. Im vorgeheizten Backofen bei 220 °C (Gas Stufe 4, Umluft 200 °C) 20 Minuten backen. Auskühlen lassen. Konfitüre und Obstgeist verrühren, leicht erwärmen, durch ein Sieb streichen und die gebackenen Aprikosen damit bestreichen.

Schnell gefüllt

Schokokuchen

350 g weiche Butter
6 Eier
250 g Zucker
2 Päckchen Vanillezucker
Salz
225 g Mehl
125 g Stärkemehl
3 EL Kakao
2 TL Backpulver
2 EL gemahlene Mandeln

Außerdem

500 g Aprikosenkonfitüre
2 EL Obstgeist
150 g Puderzucker
2 EL Kakao
2 EL Kokosfett

Die Butter in einer Schüssel schaumig rühren. Nach und nach Eier, Zucker, Vanillezucker und eine Prise Salz einrühren. Mehl, Stärkemehl, Kakao und Backpulver vermischen, sieben und allmählich unter den Teig geben. Die Mandeln unterheben. Eine Springform ausbuttern, den Teig einfüllen und glatt streichen. Im vorgeheizten Backofen bei 200 °C (Gas Stufe 3, Umluft 180 °C) etwa 40 Minuten backen. Herausnehmen, 5 Minuten in der Form lassen, auf ein Kuchengitter zum Auskühlen setzen, danach zweimal waagerecht durchschneiden.

Die Aprikosenkonfitüre durch ein Sieb streichen, leicht erwärmen, mit dem Obstgeist verrühren. Alle drei Böden mit der Konfitüre bestreichen und aufeinander setzen. Den Puderzucker mit dem Kakao vermischen und mit 1 bis 2 Esslöffel heißem Wasser zu einer dickflüssigen Masse verrühren. Das zerlassene Kokosfett unterrühren und den Kuchen damit überziehen.

Kekstorte

300 g Kokosfett
150 g Puderzucker
$^1/_2$ TL Instant-Kaffee
2 Eier
2 EL Kakao
1 EL Rum
25 Butterkekse

Das Kokosfett zum Schmelzen bringen und auskühlen lassen. Puderzucker, Instant-Kaffee, Eier, Kakao und Rum verrühren. Das Fett langsam, fast tropfenweise, unter die Masse rühren. Eine Kastenform mit Pergamentpapier auskleiden. Ein Fünftel der Kekse einschichten, ein Fünftel der Schokoladenmasse darüber geben. So weitermachen, bis die Kekse und die Schokoladenmasse aufgebraucht sind. Die Form über Nacht in den Kühlschrank stellen.

Fruchttorte mit Guss

1 Wiener Boden (Fertigware oder → Seite 31)
125 g Johannisbeergelee
1 EL Obstgeist
750 g Erdbeeren
100 ml Himbeersaft
1 EL Zitronensaft
3 Blatt rote Gelatine
3 EL Himbeergeist
100 g gehackte geröstete Mandeln

Für die Creme
3 Blatt weiße Gelatine
3 EL Himbeergeist
2 Eier
3 EL Zucker
1 Päckchen Vanillezucker
600 g Sahne

Außerdem
Beeren zum Garnieren

Den Wiener Boden zweimal waagerecht durchschneiden, so dass drei Böden entstehen. Johannisbeergelee und Obstgeist verrühren. Den untersten Boden mit dem Johannisbeergelee bestreichen, den zweiten Boden auflegen. Die Erdbeeren waschen, putzen, zerkleinern und mit dem Himbeersaft und dem Zitronensaft verrühren. Die rote Gelatine in etwas kaltem Wasser einweichen, ausdrücken, in erwärmtem Himbeergeist auflösen und unter die Erdbeermasse rühren. Den zweiten, aufgelegten Boden damit bestreichen, die Mandeln aufstreuen. Die weiße Gelatine in etwas kaltem Wasser einweichen, ausdrücken und in erwärmtem Himbeergeist auflösen. Eier, Zucker und Vanillezucker schaumig schlagen, die aufgelöste Gelatine einrühren. Die Sahne steif schlagen und unter die Eimasse ziehen. Die Hälfte der Sahne auf die Erdbeermasse streichen, dann den dritten Tortenboden auflegen. Die Torte ringsum mit Sahne bestreichen und Tupfer aufspritzen. Mit Beeren garnieren.

TIPP Soll ein dicker Teigboden ein- oder mehrmals durchgeschnitten werden, markiert man mit einem kleinen spitzen Messer die einzelnen Schichten und schneidet ringsum etwa 1 Zentimeter tief ein. Mit einem speziellen Tortenschneider lässt sich der Boden ganz leicht teilen. Dann den Boden mit einer Palette oder einem breiten Messer abheben. Wer keinen Tortenschneider hat, kann sich mit reißfestem Zwirn helfen: Einfach den Zwirn um die Einschnitte legen, die Enden überkreuzen und den Boden mit straff gespanntem Faden teilen.

Knuspertorte mit Erdbeeren

300 g Blätterteig
(tiefgekühlt)
100 g Aprikosenkonfitüre

Für die Füllung

4 Blatt weiße Gelatine
2 Eier
1 EL Zucker
1/2 TL abgeriebene, unbehandelte Zitronenschale
4 EL Himbeergeist
250 g Sahne
2 Päckchen Vanillezucker

Für den Belag

500 g Erdbeeren
250 g gemischte Beeren
150 g Himbeergelee
3 EL Himbeergeist

Den Blätterteig auftauen. Eine Springform von 26 Zentimeter Durchmesser mit Backpapier auslegen. Den Blätterteig auf bemehlter Fläche in der Größe der Springform ausrollen, in die Springform geben und im vorgeheizten Backofen bei 200 °C (Gas Stufe 3, Umluft 180 °C) etwa 20 Minuten backen. Herausnehmen und sofort mit Aprikosenkonfitüre bestreichen. Kalt stellen. Die Gelatine in etwas kaltem Wasser einweichen. Die Eier trennen. Die Eigelbe in einer Schüssel mit Zucker, Zitronenschale und Himbeergeist über dem heißen Wasserbad cremig schlagen. Die Gelatine ausdrücken, zur Eimasse geben und weiterschlagen, bis sie sich aufgelöst hat. Auskühlen lassen. Die Sahne mit dem Vanillezucker steif schlagen und unter die Eimasse heben. Die Eiweiße ebenfalls steif schlagen und unterheben. Für den Belag die Erdbeeren waschen und putzen. Die restlichen Beeren ebenfalls waschen und abtropfen lassen. Das Himbeergelee in einen Topf geben, Himbeergeist zufügen, unter Rühren erhitzen und danach auskühlen lassen. Die Beeren mit dem Gelee überziehen. Mit einem Esslöffel Cremehäufchen auf den Blätterteig setzen, die gelierten Beeren zwischen den Häufchen anordnen.

Traubentorte

4 Eier
100 g Zucker
1 Päckchen Vanillezucker
1 Prise Salz
125 g Mehl
$^{1}/_{2}$ TL Backpulver
30 g gemahlene Mandeln
$^{1}/_{8}$ l starker Kaffee
3 EL Weinbrand

Für die Fruchtfüllung

1 EL Zucker
150 ml Johannisbeersaft
200 g blaue Weintrauben
1 EL Weinbrand

Für die Creme

80 g dunkle Kuvertüre
150 g weiche Butter
50 g Puderzucker
$^{1}/_{2}$ TL Instant-Kaffee
3 EL Mandellikör
100 g Zucker
3 Eiweiß

Außerdem

50 g geraspelte Kuvertüre

Die Eier mit 2 Esslöffel warmem Wasser schaumig schlagen. Nach und nach Zucker, Vanillezucker und Salz einrühren. Das Mehl mit dem Backpulver vermischen, sieben und löffelweise unterrühren, die Mandeln unterheben. Eine Springform ausbuttern, mit Mehl bestäuben, den Teig einfüllen und glatt streichen. Im vorgeheizten Backofen bei 180 °C (Gas Stufe 2, Umluft 160 °C) etwa 30 Minuten backen. Auskühlen lassen, anschließend den Boden zweimal waagerecht durchschneiden. Kaffee und Weinbrand vermischen und beiseite stellen.
Den Zucker karamellisieren, den Saft zugießen und auf die Hälfte einkochen. Die Trauben halbieren, entkernen und in den Saft legen. 1 Minute durchschwenken, den Weinbrand zugeben. Die Kuvertüre zerkleinern. Butter und Puderzucker schaumig rühren, die Kuvertüre unterrühren, Instant-Kaffee und Mandellikör ebenfalls einrühren. 1/8 Liter Wasser mit dem Zucker 5 Minuten einkochen, bis die Masse dickflüssig ist. Die Eiweiße steif schlagen, den heißen Zuckersirup in dünnem Strahl in den Eischnee fließen lassen, dabei weiterschlagen, bis die Masse ausgekühlt ist. Unter die Buttercreme heben. Den untersten Tortenboden mit der Hälfte der Kaffeemischung beträufeln, ein Drittel der Buttercreme aufstreichen, die Trauben darauf geben. Den zweiten Boden mit der restlichen Kaffeemischung beträufeln, auf

die Trauben setzen und mit einem weiteren Drittel der Buttercreme bestreichen. Den dritten Boden aufsetzen und mit der restlichen Buttercreme bestreichen. Kalt stellen. Geraspelte Kuvertüre aufstreuen.

Sahnetorte

1 Wiener Boden (Fertigware oder → Seite 31)
200 g dunkle Kuvertüre
500 g Sahne

Für die Fruchtsahne
2 Blatt weiße Gelatine
1 Päckchen Puddingpulver Sahnegeschmack
2 EL Zucker
400 ml Himbeersaft
3 EL Himbeergeist
500 g Erdbeeren
300 g Sahne

Außerdem
1 EL Kakaopulver
Geraspelte Schokolade

Den Wiener Boden einmal waagerecht durchschneiden. Für die dunkle Sahne die Kuvertüre zerkleinern. Die Sahne erhitzen, die Kuvertüre hineingeben und schmelzen lassen. Kalt stellen. Für die Fruchtsahne die Gelatine in etwas kaltem Wasser einweichen. Puddingpulver und Zucker in etwas Himbeersaft glatt rühren. Den restlichen Himbeersaft zum Kochen bringen, das Puddingpulver einrühren und aufkochen lassen. Auskühlen lassen. Die Gelatine in leicht erwärmtem Himbeergeist auflösen und unter den Pudding rühren. Die Erdbeeren waschen, putzen, zerkleinern und unter den Pudding heben. Die Sahne steif schlagen und unterziehen. Den unteren Tortenboden mit der Fruchtsahne bedecken, dann den anderen Boden aufsetzen und die Torte ringsum mit der Schokosahne bestreichen. Mit Kakaopulver besieben und mit geraspelter Schokolade garnieren.

Haselnusstorte

1 Wiener Boden (Fertigware oder → Seite 31)
1 Päckchen Puddingpulver Schokoladengeschmack
125 g Zucker
1 EL Kakaopulver
1/2 l Milch
250 g Butter

Außerdem

200 g Aprikosenkonfitüre
4 EL Obstgeist
200 g gehackte geröstete Haselnüsse

Den Wiener Boden zweimal waagerecht durchschneiden. Puddingpulver mit Zucker, Kakao und etwas kalter Milch glatt rühren. Die restliche Milch zum Kochen bringen, das angerührte Puddingpulver unter Rühren eingießen und kurz aufkochen lassen. Vom Herd nehmen

und auskühlen lassen. Dabei öfter umrühren, damit sich keine Haut bildet. Die Butter schaumig schlagen und den Pudding esslöffelweise unterrühren. Dabei darauf achten, dass Butter und Pudding die gleiche Temperatur haben, damit die Creme nicht gerinnt.
Die Aprikosenkonfitüre durch ein Sieb streichen und mit dem Obstgeist verrühren. Zwei Tortenböden zuerst mit Konfitüre, dann mit je einem Drittel der Creme bestreichen und aufeinander setzen. Den dritten Boden obenauf geben und rundum mit der restlichen Creme bestreichen. Mit gerösteten Haselnüssen bestreuen.

Schokoladentorte

1 Wiener Boden (Fertigware oder → Seite 31)
1 Päckchen Puddingpulver Schokoladengeschmack
2 TL Stärkemehl
100 g Zucker
2 EL Kakao
$^{1}/_{2}$ l Milch
300 g weiche Butter

Für die Glasur

250 g Puderzucker
3 EL Kakao
1 EL zerlassene Butter

Den Boden zweimal waagerecht durchschneiden. Das Puddingpulver mit Stärkemehl, Zucker und Kakao in et-

was kalter Milch glatt rühren. Die restliche Milch zum Kochen bringen, die angerührte Masse hineingeben, gut verrühren und kurz aufkochen lassen. Vom Herd nehmen und auskühlen lassen. Dabei mehrmals umrühren, damit sich keine Haut bildet. Die Butter schaumig schlagen. Esslöffelweise den Pudding einrühren. Zwei Böden mit der Creme bestreichen und aufeinander setzen. Den letzten Boden unbestrichen auf die Torte geben.
Für die Glasur den Puderzucker mit dem Kakao vermischen, 2 Esslöffel heißes Wasser und die Butter zufügen und alles zu einer dickflüssigen Masse verrühren. Die Torte rundum mit der Glasur bestreichen und bis zum Verzehr kühl stellen.

Torte mit Champagnersahne

1 Wiener Boden (Fertigware oder → Seite 31)
4 Blatt weiße Gelatine
3 Eier
200 ml Champagner
2 EL Zucker
100 g gehackte Mandeln
400 g Sahne
150 g Johannisbeer- oder Himbeergelee

Außerdem

50 g Kokosraspel
125 g Sahne
1 TL Puderzucker
Kiwischeiben

Den Wiener Boden zweimal waagerecht durchschneiden. Die Gelatine in Wasser einweichen. Die Eier in eine Schüssel geben und mit 2 Esslöffel Champagner und dem Zucker schaumig schlagen. Die Gelatine ausdrücken, in wenig erwärmtem Wasser auflösen, mit dem restlichen Champagner und den Mandeln verrühren und zur Eimasse geben. Die Sahne steif schlagen und unter die Champagnermasse heben. Den untersten Tortenboden mit Johannisbeer- oder Himbeergelee bestreichen, ein Drittel der Champagnersahne aufstreichen, den zweiten Boden darauf setzen, ein weiteres Drittel der Champagnersahne darauf verteilen, dann den dritten Boden obenauf setzen. Die Torte mit der restlichen Champagnersahne ringsum bestreichen.

In einer Pfanne die Kokosraspel ohne Fett goldgelb rösten und ausgekühlt auf dem Tortenrand verteilen. Für die Garnitur die Sahne steif schlagen, Puderzucker zugeben und in einen Spritzbeutel mit Sterntülle füllen. Die Torte damit ringsum bespritzen. In der Tortenmitte Kiwischeiben anordnen.

Preiselbeer-Sahne-Torte

1 Wiener Boden (Fertigware oder → Seite 31)
300 g Preiselbeeren
$^1/_4$ l Roter Johannisbeersaft
100 g Zucker
1 Prise Zimt
2 EL Stärkemehl
5 EL Orangensaft
2 Blatt weiße Gelatine
2 EL Weinbrand
700 g Sahne
1 Päckchen Vanillezucker

Den Wiener Boden zweimal waagerecht durchschneiden. Die Preiselbeeren verlesen. Den Johannisbeersaft mit Zucker und Zimt in einen Topf geben, zum Kochen bringen, die Preiselbeeren zugeben und einige Male aufwallen lassen. Die Preiselbeeren durch ein Sieb geben. Im aufgefangenen Sud das Stärkemehl glatt rühren, Orangensaft zufügen, kurz aufwallen lassen und vom Herd nehmen. Preiselbeeren zugeben und auskühlen lassen. Die Gelatine in etwas kaltem Wasser einweichen, ausdrücken und in warmem Weinbrand auflösen. Zwei Drittel der Sahne mit dem Vanillezucker steif schlagen, die aufgelöste Gelatine unterrühren. Den untersten Tortenboden mit zwei Drittel der Preiselbeeren bestreichen, den zweiten Boden darauf setzen und die Hälfte der Sahnemasse darauf verteilen. Den dritten Boden darauf setzen und mit der restlichen Sahne bestreichen. 1 Stunde kalt stellen. Die restlichen Preiselbeeren in die Tortenmitte geben. Die restliche Sahne steif schlagen, in einen Spritzbeutel mit Sterntülle füllen und die Torte ringsum dekorieren.

Blitz-Ananas-Torte

1 Wiener Boden (Fertigware oder → Seite 31)
12 Scheiben Ananas
750 g Sahne
2 Päckchen Sahnesteif
2 Päckchen Vanillezucker
1 EL Zucker

Außerdem
Kandierte Kirschen
Schokoladenraspel

Den Wiener Boden zweimal waagerecht durchschneiden. Die Ananasscheiben abtropfen lassen. 7 Scheiben Ananas in kleine Stücke schneiden, die restlichen Scheiben beiseite stellen. Die Sahne steif schlagen, dabei Sahnesteif, Vanillezucker und Zucker zufügen. Unter die Hälfte der Sahne die Ananasstücke heben und damit zwei Tortenböden bestreichen. Den dritten Tortenboden darauf setzen. Mit zwei Drittel der restlichen Sahne die Torte rundum bestreichen. Die restlichen Ananasscheiben in Stücke schneiden, auf der Torte verteilen und in die Sahne drücken. Kandierte Kirschen dazwischen setzen. Die restliche Sahne in einen Spritzbeutel mit Lochtülle füllen und die Torte ringsum bespritzen. Den Rand mit geraspelter Schokolade verzieren.

Exotische Sahnetorte

2 Eier
100 g Zucker
1 Päckchen Vanillezucker
100 g Mehl
50 g Stärkemehl
1 TL Backpulver

Für die Füllung

1 Päckchen Puddingpulver Sahnegeschmack
100 g Zucker
1/2 l Milch
250 g Butter
300 g Kumquats
2 EL Orangenlikör

Für die Glasur

100 g dunkle Schokoladenglasur
100 g Zartbitterkuvertüre

Die Eier trennen. Die Eigelbe in einer Schüssel mit 2 Esslöffel warmem Wasser schaumig schlagen. Nach und nach den Zucker und den Vanillezucker zufügen und so lange schlagen, bis die Masse cremig ist. Die Eiweiße steif schlagen und unterheben. Mehl, Stärkemehl und Backpulver vermischen, auf die Teigmasse sieben und unterziehen. Eine Springform mit Backpapier auslegen, den Teig einfüllen und im vorgeheizten Backofen bei

180 °C (Gas Stufe 2, Umluft 160 °C) etwa 20 Minuten backen. Herausnehmen, etwas auskühlen lassen, aus der Form nehmen und das Backpapier entfernen. Den Tortenboden auf ein Kuchengitter setzen. Sobald er ausgekühlt ist, zweimal waagerecht durchschneiden.
Das Puddingpulver mit 50 Gramm Zucker in der Milch glatt rühren, unter Rühren zum Kochen bringen, kurz aufkochen lassen, vom Herd nehmen und auf Zimmertemperatur auskühlen lassen. Dabei mehrmals umrühren, damit sich keine Haut bildet. Die zimmerwarme Butter in einer Schüssel schaumig schlagen und den Pudding esslöffelweise unterrühren. Kalt stellen. Kumquats in Scheiben schneiden und die Kerne auslösen. Den restlichen Zucker mit 100 Milliliter Wasser sprudelnd aufkochen, die Kumquatscheiben hineingeben und 3 Minuten kochen, bis sie glasig sind. Auskühlen und danach abtropfen lassen. Die Hälfte der Kumquatscheiben für die Dekoration zur Seite legen. Die restlichen Kumquats zerkleinern, mit Orangenlikör beträufeln und unter die Creme rühren. Zwei Tortenböden mit der Creme bestreichen und übereinander setzen. Den dritten Boden obenauf geben. Kalt stellen. Die Schokoladenglasur und die Kuvertüre zerkleinern und über heißem Wasserbad schmelzen. Die Torte damit überziehen und mit den Kumquatscheiben verzieren.

Schnell geformt

Mandelbrot

250 g abgetropfter Quark
4 EL Sahne
1 Ei
$^1/_8$ l Sonnenblumenöl
2 EL Zucker
1 Prise Salz
1 TL abgeriebene, unbehandelte Zitronenschale
400 g Mehl
1 Päckchen Backpulver

Für den Belag

300 g gemahlene Mandeln
1 TL abgeriebene, unbehandelte Zitronenschale
2 EL Zucker
1 TL Zimt
6 EL Milch
3 EL Aprikosenmarmelade
2 EL Obstgeist

Außerdem

50 g Butter
100 g Puderzucker

Den Quark in eine Schüssel geben, mit Sahne, Ei, Öl, Zucker, Salz und Zitronenschale verrühren. Mehl und Backpulver vermischen, sieben, nach und nach unter die Quarkmasse mengen und einen geschmeidigen Teig bereiten. Auf bemehlter Fläche knapp 1 Zentimeter dick zu einem Rechteck ausrollen.

Die Mandeln mit Zitronenschale, Zucker, Zimt, Milch, Aprikosenmarmelade und Obstgeist verrühren und auf den Teig streichen. Den Teig von der Längsseite her aufrollen und in eine Brotform bringen. Ein Backblech ausbuttern, das Mandelbrot darauf geben und im vorgeheizten Backofen bei 200 °C (Gas Stufe 3, Umluft 180°C) etwa 40 Minuten backen. Herausnehmen, mit Butter bestreichen und mit Puderzucker bestäuben.

Quarkbrot

50 g Butter
100 g Zucker
1 Prise Salz
250 g gut abgetropfter Quark
120 ml Milch
100 g Rosinen
150 g gehackte Mandeln
500 g Mehl
2 Päckchen Backpulver
1 Eigelb

Die Butter schaumig rühren. Nach und nach Zucker, Salz, Quark, Milch, gewaschene, abgetropfte Rosinen und Mandeln zufügen. Das Mehl mit dem Backpulver vermischen. Zwei Drittel davon unterrühren. Das restliche Mehl auf ein Backbrett geben, den Teigbrei darauf legen und mit dem Mehl zu einem festen, glatten Teig verarbeiten. Eine Kastenform ausbuttern, den Teig einfüllen, mit verquirltem Eigelb bestreichen und im vorgeheizten Backofen bei 200 °C (Gas Stufe 3, Umluft 180 °C) etwa 50 Minuten backen.

Frühstückskranz

300 g Mehl
30 g Hefe
80 g Zucker
1/8 l Milch
1 Prise Salz
50 g Butter

Für die Füllung
250 g gehackte Mandeln
125 g Zucker
1 Päckchen Vanillezucker
50 g Korinthen
5 EL Sahne
2 EL Rum

Für die Glasur
200 g Puderzucker
2 EL Zitronensaft

Das Mehl in eine Schüssel sieben und in die Mitte eine Vertiefung drücken. Die Hefe und 1 Teelöffel Zucker mit etwas lauwarmer Milch verrühren, in die Vertiefung gießen und etwas Mehl darüber stäuben. Zugedeckt 20 Minuten gehen lassen. Von der Mitte aus einen Teig kneten, dabei restlichen Zucker und Milch, Salz und Butter zugeben. So lange kneten, bis sich der Teig vom Boden löst. Zugedeckt nochmals 30 Minuten gehen lassen. Den

Teig gut durchkneten und auf bemehlter Fläche zu einem Rechteck von 30 mal 40 Zentimetern ausrollen.
Die Mandeln mit Zucker, Vanillezucker, Korinthen, Sahne und Rum vermischen. Die Masse auf den Teig streichen. Von der Längsseite her den Teig gleichmäßig aufrollen. Einen Kranz formen. Ein Backblech ausbuttern und den Kranz darauf geben. Den äußeren Kranzrand im Abstand von 2 Zentimeter einschneiden. 15 Minuten gehen lassen. Im vorgeheizten Backofen bei 200 °C (Gas Stufe 3, Umluft 180 °C) etwa 45 Minuten backen, dann auskühlen lassen. Aus Puderzucker und Zitronensaft eine Glasur rühren und den Kranz damit glasieren.

Milchbrot

500 g Mehl
1 Päckchen Trockenhefe
2 EL Zucker
1 Prise Salz
2 Eier
1/8 l Milch
100 g Sahne
60 g weiche Butter
150 g Rosinen

Das Mehl in eine Schüssel sieben und mit der Hefe vermischen. Zucker, Salz, Eier, Milch, Sahne und Butter dazugeben und alles zu einem glatten Teig verarbeiten.

Zugedeckt 20 Minuten an einem warmen Ort gehen lassen. Den Teig mit etwas Mehl bestäuben, die Rosinen unterkneten. Eine Kastenform ausbuttern, den Teig einfüllen. Nochmals zugedeckt 15 Minuten gehen lassen. Im vorgeheizten Backofen bei 180 °C (Gas Stufe 2, Umluft 160 °C) etwa 45 Minuten backen.

Stuten

500 g Kartoffeln (mehlig kochend)
6 Eier
1 EL Stärkemehl
300 g gemahlene Mandeln
150 g Zucker
1 Prise Salz
50 g Butter
2 EL Mandelblättchen für die Form

Die Kartoffeln in der Schale gar kochen, pellen und noch heiß durch die Kartoffelpresse in eine Schüssel drücken und auskühlen lassen. Die Eier trennen. Stärkemehl, Eigelb, Mandeln, Zucker, Salz und Butter mit der Kartoffelmasse vermischen. Eiweiß steif schlagen und unterziehen. Eine Springform ausbuttern, mit Mandelblättchen ausstreuen, den Teig einfüllen, glatt streichen und im vorgeheizten Backofen bei 180 °C (Gas Stufe 2, Umluft 160 °C) etwa 45 Minuten backen.

Quarkstangen

300 g Quark
2 Eier
100 g Zucker
50 g weiche Butter
200 g Mehl
1 TL Backpulver
1 Prise Salz
1 TL abgeriebene, unbehandelte Zitronenschale
Butterschmalz zum Ausbacken
Zimtzucker

Quark, Eier, Zucker und Butter gut verrühren. Mehl und Backpulver vermischen, sieben und mit dem Salz und der Zitronenschale einarbeiten. Einen glatten Teig bereiten. Kleine Stangen formen und in Butterschmalz goldgelb ausbacken. Mit Zimtzucker bestreuen.

Batzekuchen

500 g Mehl
30 g Hefe
2 EL Zucker
200 ml Milch
150 g weiche Butter
1 Prise Salz
1 Ei
1 TL abgeriebene, unbehandelte Zitronenschale

Außerdem
1 Eigelb
1 TL Milch
3 EL gehackte Mandeln

Das Mehl in eine Schüssel sieben. Die Hefe mit 1 Teelöffel Zucker in etwas lauwarmer Milch verquirlen, in die Vertiefung gießen. Etwas Mehl vom Mehlrand einrühren. Zugedeckt 20 Minuten an einem warmen Ort gehen lassen. Auf dem Mehlrand den restlichen Zucker, die Butter in Stückchen, Salz, Ei und Zitronenschale anordnen. Von der Mitte her die Zutaten zu einem glatten Teig verkneten, dabei die restliche Milch zugeben. Zugedeckt weitere 30 Minuten gehen lassen. Den Teig nochmals durchkneten, dann mit bemehlten Händen 14 gleichmäßige Kugeln formen. Ein Backblech ausbuttern, die Kugeln aufsetzen, etwas flach drücken. Weitere 10 Minuten gehen lassen. Vor dem Backen die Teigstücke mit einem Messer kreuzweise einschneiden. Eigelb und Milch verrühren, die Kugeln bestreichen und mit Mandeln bestreuen. Im vorgeheizten Backofen bei 200 °C (Gas Stufe 3, Umluft 180 °C) etwa 20 Minuten backen.

Mandelstückchen

3 Eier
250 g Zucker
50 g fein geschnittenes Sauerkraut
4 EL Weinbrand
1 Prise Nelkenpulver
1 TL Zimt
100 g geriebene Zartbitterschokolade
300 g Mehl
1 TL Backpulver
125 g gehackte Mandeln
50 g fein geschnittenes Zitronat

Für die Glasur

125 g Puderzucker
2 EL Zitronensaft

In einer Schüssel die Eier mit 3 Esslöffel warmem Wasser schaumig schlagen. Nach und nach den Zucker unterschlagen. Das Sauerkraut mit Küchenpapier trockentupfen. Kraut, Weinbrand, Nelkenpulver, Zimt und Schokolade zugeben. Mehl und Backpulver vermischen, auf die Masse sieben, Mandeln und Zitronat unterheben. Ein Backblech ausbuttern, den Teig darauf geben und gleichmäßig ausrollen. Im vorgeheizten Backofen bei 200 °C (Gas Stufe 3, Umluft 180 °C) etwa 25 Minuten backen.
Den Puderzucker mit dem Zitronensaft verrühren und den Kuchen damit bestreichen. Zum Schluss in Rechtecke von 4 bis 8 Zentimeter Größe schneiden.

Schneckennudeln

500 g Mehl
30 g Hefe
2 EL Zucker
1/4 l Milch
1 TL abgeriebene, unbehandelte Zitronenschale
1 Prise Salz
1 Ei

Für den Belag
80 g weiche Butter
2 EL Zucker
1/2 TL Zimt
100 g Sultaninen
3 EL gehackte Mandeln

Außerdem
1–2 Eigelb
150 g Zucker

Das Mehl in eine Schüssel sieben, in die Mitte eine Vertiefung drücken. Die Hefe mit 1 Teelöffel Zucker in etwas lauwarmer Milch verquirlen, in die Vertiefung gießen, etwas Mehl vom Mehlrand einrühren. Den Vorteig zugedeckt 20 Minuten an einem warmen Ort gehen lassen. Auf dem Mehlrand den restlichen Zucker, Zitronenschale, Salz und Ei anordnen. Von der Mitte her einen geschmeidigen Teig kneten, dabei die restliche Milch zugeben. Nochmals 30 Minuten gehen lassen. Den Teig auf bemehlter Fläche zu einem Streifen von 25 Zentimeter Breite ausrollen und mit der Butter bestreichen. Zucker und Zimt vermischen und mit den Sultaninen und den Mandeln aufstreuen. Den Teig der

Länge nach aufrollen. Stücke von 2 Zentimeter Breite abschneiden und etwas flach drücken. Ein Backblech ausbuttern, die Schneckennudeln auflegen, mit Eigelb bestreichen und bei 200 °C (Gas Stufe 3, Umluft 180 °C) etwa 25 Minuten backen.
Für die Glasur den Zucker mit 3 Esslöffel Wasser zum Kochen bringen und verrühren, bis sich der Zucker aufgelöst hat. Sofort mit einem Pinsel auf das heiße Gebäck streichen.

Quarktaschen

400 g Quark
125 g Zucker
1 Prise Salz
1 Ei
6 EL Öl
250 g Mehl
2 TL Backpulver
1/2 TL abgeriebene, unbehandelte Zitronenschale
250 g Brombeeren
Puderzucker

150 Gramm Quark mit 75 Gramm Zucker, Salz, Ei und Öl verrühren. Mehl und Backpulver vermischen und unter die Quarkmasse mengen. Gut verkneten, auf bemehlter Fläche knapp 1 Zentimeter dick ausrollen. Rechtecke von 12 mal 6 Zentimetern ausschneiden.

Den restlichen Quark mit dem restlichen Zucker und der Zitronenschale verrühren. Die Rechtecke damit bestreichen und mit den abgetropften Brombeeren belegen. Jeweils zwei Ecken über die Füllung klappen und andrücken. Ein Backblech ausbuttern, die Quarktaschen darauf geben und im vorgeheizten Backofen bei 200 °C (Gas Stufe 3, Umluft 180 °C) etwa 20 Minuten backen. Auskühlen lassen und mit Puderzucker bestäuben.

Heidelbeermuffins

200 g Heidelbeeren
2 Eier
100 ml Sonnenblumenöl
1/2 TL abgeriebene, unbehandelte Zitronenschale
150 g Zucker
100 ml Milch
250 g Mehl
2 TL Backpulver

Die Heidelbeeren waschen und abtropfen lassen. Die Eier in eine Schüssel geben und mit Öl, Zitronenschale, Zucker und Milch verrühren. Mehl und Backpulver vermischen, sieben und nach und nach unterrühren. Die Heidelbeeren untermischen. Ein Muffinblech ölen, den Teig einfüllen und im vorgeheizten Backofen bei 180 °C (Gas Stufe 2, Umluft 160 °C) etwa 20 Minuten backen.

Frühstücksmuffins

2 Eier
100 ml Sonnenblumenöl
150 g Zucker
1 TL fein geschnittenes Zitronat
1/2 TL abgeriebene, unbehandelte Zitronenschale
1 kräftige Prise Zimt
100 ml Milch
200 g Mehl
2 TL Backpulver
2 Bananen
1 EL Zitronensaft
Puderzucker

Die Eier in eine Schüssel geben. Öl, Zucker, Zitronat, Zitronenschale, Zimt und Milch unterrühren. Mehl und Backpulver vermischen und einarbeiten. Die Bananen schälen, pürieren, den Zitronensaft zufügen und die Masse unter den Teig mengen. Ein Muffinblech ölen, den Teig einfüllen und im vorgeheizten Backofen bei 180 °C (Gas Stufe 2, Umluft 160 °C) etwa 20 Minuten backen. Mit Puderzucker bestäuben.

Zimtküchlein

500 g Mehl
1 TL Backpulver
125 g Zucker
1 Päckchen Vanillezucker
1 knapper TL Zimt
3 Eigelb
4 EL Rum
200 g kalte Butter
Butterschmalz zum Ausbacken
Zimtzucker

Mehl und Backpulver vermischen, in eine Schüssel sieben und in die Mitte eine Vertiefung drücken. Zucker, Vanillezucker, Zimt, Eigelb und Rum in die Vertiefung geben, etwas Mehl vom Rand zugeben und einen dicklichen Brei bereiten. Die Butter in Stücke schneiden, auf den Brei legen, mit Mehl bestäuben und von der Mitte her alle Zutaten rasch zu einem glatten Teig verkneten. 30 Minuten kalt stellen. Den Teig auf bemehlter Fläche 1/2 Zentimeter dick ausrollen. Mit einem Teigrädchen Rauten von 3 mal 8 Zentimetern ausradeln. In die Mitte der Rauten jeweils einen 3 Zentimeter langen Schlitz schneiden und die unteren Teigecken der Rauten durch den Schlitz ziehen. Ausbackfett erhitzen und die Küchlein schwimmend darin goldgelb ausbacken. Herausnehmen, abtropfen lassen und sofort mit Zimtzucker bestreuen.

Friesenwaffeln

200 g Butter
1 Päckchen Puddingpulver
Vanillegeschmack
100 g Zucker
1 Ei
300 g Mehl
1 TL Backpulver

Die Butter zum Schmelzen bringen und etwas auskühlen lassen. Puddingpulver, Zucker und Ei zur Butter geben und unterrühren. Mehl und Backpulver vermischen, auf die Buttermasse sieben und untermengen. Den Teig zu einer daumendicke Rolle formen, Stücke von 4 Zentimeter Länge abschneiden. Ein Waffeleisen ausbuttern, die Teigstücke in die Mitte des Waffeleisens geben, mit dem Deckel flach drücken und goldgelb ausbacken. Zum Auskühlen auf ein Kuchengitter setzen.

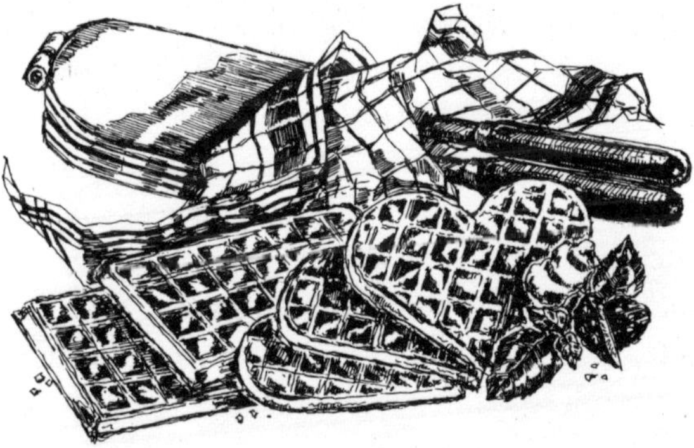

Kräbbelchen

50 g Butter
80 g Zucker
1 Päckchen Vanillezucker
2 Eier
1 Prise Salz
3 EL Rum
250 g Mehl
1 TL Backpulver
Fett zum Ausbacken
Puderzucker

Butter, Zucker, Vanillezucker, Eier, Salz und Rum verrühren. Das Mehl mit dem Backpulver vermischen, sieben und nach und nach in die Butter-Eier-Masse einrühren. Den Teig $^1/_2$ Zentimeter dick ausrollen. Rechtecke von 3 mal 6 Zentimetern schneiden. In einem Topf das Fett erhitzen, die Teigstücke schwimmend darin ausbacken, bis sie goldbraun sind. Herausnehmen, abtropfen lassen und mit Puderzucker bestäuben.

Schweinsohren

400 g Blätterteig (tief gekühlt)
150 g Zucker

Den Blätterteig auftauen und etwa 4 Millimeter dick ausrollen. Die Hälfte des Zuckers auf den Teig streuen und mit dem Nudelholz kurz darüber rollen. Die Teigplatte in Stücke von etwa 20 mal 30 Zentimetern teilen und jedes Stück von den Schmalseiten her zur Mitte aufrollen. Die Rollen aneinander drücken und 30 Minuten kalt stellen. Dann mit einem scharfen Messer gleichmäßig dicke Scheiben von etwa 7 Millimeter Stärke schneiden, jede Scheibe mit einer Seite in den restlichen Zucker drücken. Ein Backblech mit kaltem Wasser abspülen, die Schweinsohren mit der gezuckerten Seite nach oben aufsetzen. Im vorgeheizten Backofen bei 200 °C (Gas Stufe 3, Umluft 180 °C) etwa 12 Minuten backen.

Sirupecken

250 g dunkler Sirup
125 g Butter
125 g zerstoßener Kandiszucker
125 g Zucker
500 g Mehl
Je 1 TL Zimt, gemahlene Nelken, Kardamom und abgeriebene, unbehandelte Zitronenschale
Je 6 g Hirschhornsalz und Pottasche

Den Sirup mit der Butter, dem Kandiszucker und dem Zucker in einen Topf geben und unter Rühren zum Kochen bringen. Vom Herd nehmen. Das Mehl in eine

Schüssel sieben und mit Zimt, Nelken, Kardamom, Zitronenschale und Hirschhornsalz vermischen. Die Pottasche in 1 Esslöffel Wasser auflösen und mit der warmen Sirupmasse untermengen. Alles gut verkneten. 30 Minuten kalt stellen. Den Teig auf bemehlter Fläche dünn ausrollen und mit einem Teigrädchen Rechtecke von 3 mal 7 Zentimetern ausschneiden. Ein Backblech ausbuttern, die braunen Kuchen auflegen und im vorgeheizten Backofen bei 180 °C (Gas Stufe 2, Umluft 160 °C) etwa 6 Minuten backen.

Knusperwaffeln

250 g weiche Butter
4 Eier
100 g Zucker
1 Päckchen Vanillezucker
125 g Mehl
125 g Stärkemehl
2 TL Backpulver
250 g Sahne
Puderzucker

In einer Schüssel die Butter schaumig rühren. Die Eier trennen. Nach und nach Zucker, Vanillezucker und Eigelb einrühren. Mehl, Stärkemehl und Backpulver vermischen und mit der Sahne unterrühren. Die Eiweiße steif schlagen und unterheben. Etwas von dem Teig in ein gefettetes Waffeleisen füllen, glatt streichen und goldbraun backen. So weitermachen, bis der Teig aufgebraucht ist. Damit die Waffeln knusprig bleiben, einzeln auf ein Kuchengitter zum Auskühlen setzen. Mit Puderzucker bestäuben.

Nusshörnchen

450 g Blätterteig (tiefgekühlt)
200 g Marzipan-Rohmasse
6 EL Sahne
100 g gehackte Haselnüsse
50 g gehackte Mandeln
50 g fein geschnittenes Orangeat
1 Eigelb
1 EL Milch

Den Blätterteig auftauen, ausrollen und Quadrate von 12 mal 12 Zentimetern schneiden. Die Marzipan-Rohmasse zerkrümeln, mit der Sahne vermengen, Haselnüsse, Mandeln und Orangeat untermischen. Auf jedes Teigquadrat etwas von der Mischung geben, die Quadrate von einer Ecke her zu Hörnchen aufrollen. Ei und Milch verquirlen und die Hörnchen damit bestreichen. Ein Backblech mit Backpapier auslegen, die Hörnchen darauf setzen und im vorgeheizten Backofen bei 200 °C (Gas Stufe 3, Umluft 180 °C) etwa 20 Minuten backen.

Schnell pikant gewürzt

Tomatenkuchen

250 g Mehl
$^1/_2$ TL Salz
150 g kalte Butter
Für den Belag
6 Tomaten
1 Bund Basilikum
225 g Schafskäse
3 Eier
150 ml Milch
4 EL Sahne
2 EL geriebener Emmentaler
Salz
Pfeffer aus der Mühle

Das Mehl in eine Schüssel sieben, in die Mitte eine Vertiefung drücken. Salz und Butter in Stücken in die Vertiefung geben. Von der Mitte her alles zu einem glatten Teig verkneten, dabei 2 bis 3 Esslöffel Wasser zufügen. 30 Minuten kalt stellen.
Die Tomaten überbrühen, die Haut abziehen und in kleine Würfel schneiden. Das Basilikum grob hacken. Den Schafskäse in kleine Würfel schneiden und mit den Tomaten und dem Basilikum vermengen. Die Eier verquirlen, Milch, Sahne und Emmentaler unterrühren. Mit Salz und Pfeffer würzen. Den Teig in Größe einer Springform

(26 Zentimeter Durchmesser) ausrollen und einfüllen. Den restlichen Teig ausrollen, Streifen schneiden und als Rand in die Springform geben. Den Teigboden mit einer Gabel mehrmals einstechen. Die Tomatenmischung darauf geben und mit der Eiermischung übergießen. Im vorgeheizten Backofen bei 200 °C (Gas Stufe 3, Umluft 180 °) etwa 25 Minuten backen.

Spinatkuchen

250 g Mehl
Salz
150 g kalte Butter

Für den Belag

500 g Blattspinat (tiefgekühlt)
250 g Lauch
1 Bund glatte Petersilie
1 Schalotte
250 g gekochter Schinken
1 EL Butterschmalz
Salz
Pfeffer aus der Mühle

Für die Decke

4 Eier
125 g Sahne
1/8 l Milch
2 EL Crème fraîche
150 g geriebener Emmentaler

Das Mehl in eine Schüssel sieben, in die Mitte eine Vertiefung drücken. Salz und Butter in Stücken in die Vertiefung geben und von der Mitte her alles zu einem glatten Teig verkneten, dabei 2 bis 3 Esslöffel Wasser zufügen. 30 Minuten kalt stellen.
Den Spinat auftauen. Den Lauch putzen und in dünne Ringe schneiden. Die Petersilie waschen und fein hacken. Die Schalotte abziehen und fein schneiden. Den Schinken in kleine Würfel schneiden. In einem Topf das Butterschmalz erhitzen, den Lauch und die Schalotte zugeben und anschwitzen. Den Spinat zugeben. Alles bei mäßiger Hitze köcheln lassen, bis die Feuchtigkeit fast verdunstet ist. Vom Herd nehmen, den Schinken und die Petersilie einrühren. Mit Salz und Pfeffer würzen. Den Teig in Größe einer Springform (26 Zentimeter Durchmesser) ausrollen und einfüllen. Den restlichen Teig ausrollen, Streifen ausrädern und als Rand in die Form geben. Den Teigboden mit einer Gabel mehrmals einstechen. Im vorgeheizten Backofen bei 200 °C (Gas Stufe 3, Umluft 180 °C) 10 Minuten vorbacken.
Für die Decke die Eier verquirlen, Sahne, Milch, Crème fraîche und Emmentaler unterrühren. Auf den vorgebackenen Kuchen die Spinatmischung geben und die Eier-Käse-Mischung darüber verteilen. Noch 25 Minuten weiterbacken.

Salamikuchen

500 g Mehl
30 g Hefe
$^1/_4$ l Milch
Salz
100 g Butter

4 Bund Schnittlauch
200 g Salami
150 g Schinkenspeck
3 Eier
400 g saure Sahne

Das Mehl in eine Schüssel sieben und in die Mitte eine Vertiefung drücken. Die Hefe in etwas lauwarmer Milch verquirlen und in die Vertiefung geben. Etwas Mehl darüber stäuben. Zugedeckt 20 Minuten gehen lassen. $^1/_2$ Teelöffel Salz und die Butter in Flöckchen auf dem Mehlrand verteilen. Die Zutaten von der Mitte her zu einem glatten Teig verkneten, dabei die restliche Milch zugeben. Zugedeckt 30 Minuten gehen lassen. Den Teig gut durchkneten und ausrollen. Ein Backblech ausbuttern, den Teig auflegen und einen Rand hochziehen.
Für den Belag den Schnittlauch waschen und abtropfen lassen. Schnittlauch, Salami und Schinkenspeck klein schneiden und auf dem Teig verteilen. Die Eier mit der sauren Sahne und einer kräftigen Prise Salz verquirlen und über den Teig ziehen. Im vorgeheizten Backofen bei 200 °C (Gas Stufe 3, Umluft 180 °C) etwa 35 Minuten backen.

Speckkuchen

500 g Roggenbrotteig (vom Bäcker)
500 g durchwachsener Speck
2 Zwiebeln
2 EL Semmelbrösel
1 TL gemahlener Kümmel
Salz
300 g saure Sahne
3 Eier

Ein Backblech ausbuttern. Den Teig ausrollen, auf das Blech geben und einen Rand hochziehen. Den Speck in kleine Würfel schneiden und in einer Pfanne kross ausbraten, auskühlen lassen und auf dem Teig verteilen. Die Zwiebeln schälen, sehr fein schneiden und in dem Speckfett hell anschwitzen, die Semmelbrösel zufügen und kurz durchschwenken. Die Masse mit dem Kümmel gleichmäßig auf dem Teig verteilen. Etwas Salz darüber streuen. Die saure Sahne mit den Eiern verrühren, salzen und ebenfalls auf den Teig gießen. Im vorgeheizten Backofen bei 200 °C (Gas Stufe 3, Umluft 180 °C) etwa 30 Minuten backen.

Zwiebelkuchen

500 g Mehl
30 g Hefe
1/4 l Milch
80 g Butter
1 TL Salz
1 Ei

Für den Belag

250 g durchwachsener Speck
1 kg Zwiebeln
3 EL Öl
400 g Schmant
4 Eier
3 EL Stärkemehl
1 EL Kümmel
Salz
Pfeffer aus der Mühle

Das Mehl in eine Schüssel sieben und in die Mitte eine Vertiefung drücken. Die Hefe in etwas lauwarmer Milch verquirlen und in die Vertiefung gießen. Etwas Mehl darüber stäuben. Die Butter in Flöckchen und das Salz auf den Mehlrand geben. Zugedeckt 20 Minuten gehen lassen. Von der Mitte her die Zutaten zu einem glatten Teig verkneten, dabei die restliche Milch und das Ei zufügen. Zugedeckt 30 Minuten gehen lassen.
Inzwischen den Speck in kleine Würfel schneiden. Die Zwiebeln schälen und in feine Ringe schneiden. In einer Pfanne das Öl erhitzen, Speck und Zwiebeln hineingeben und 5 Minuten dünsten. Danach auskühlen lassen. Schmant, Eier, Stärkemehl und Kümmel verrühren und

mit Salz und Pfeffer abschmecken. Den Teig gut durchkneten und ausrollen. Ein Backblech ausbuttern, den Teig darauf geben, einen Rand hochziehen, mit der Speck-Zwiebel-Mischung belegen und die Schmant-Eier-Masse darüber geben. Den Zwiebelkuchen im vorgeheizten Backofen bei 200 °C (Gas Stufe 3, Umluft 180 °C) etwa 45 Minuten backen.

Schnelle Fleischtorte

2 Brötchen
1 Zwiebel
2 Knoblauchzehen
1 kg Hackfleisch (gemischt)
2 EL gehackte Petersilie
3 Eier
1/2 TL Salz
Pfeffer aus der Mühle
1 Prise Muskat
3 EL Schnittlauchröllchen

Die Brötchen einweichen, ausdrücken und in eine Schüssel geben. Zwiebel und Knoblauch schälen und fein hacken. Hackfleisch, Petersilie, Zwiebel, Knoblauch und Eier zugeben und alles vermischen. Mit Salz, Pfeffer und Muskat würzen. Eine Backform ausbuttern, die Fleischmasse einfüllen und im vorgeheizten Backofen bei 220 °C (Gas Stufe 4, Umluft 200 °C) etwa 20 Minuten backen. Mit Schnittlauchröllchen bestreuen.

Champignonkuchen

125 g Mehl
Salz
60 g kalte Butter
500 g Champignons
1 kleine Zwiebel
1 Knoblauchzehe
1 EL Öl
Pfeffer aus der Mühle
1 EL fein gehackte Petersilie
4 Scheiben Gouda

Das Mehl in eine Schüssel sieben, Salz, Butter und 2 Esslöffel Wasser in die Vertiefung geben. Von der Mitte her einen glatten Teig kneten, zu einer Kugel formen und 30 Minuten kalt stellen.
Die Champignons putzen, waschen und in Stücke schneiden. Zwiebel und Knoblauchzehe schälen und fein schneiden. In einer Pfanne das Öl erhitzen, Zwiebel und Knoblauch hineingeben und glasig braten. Die Champignons zufügen und 3 Minuten mitbraten. Mit Salz und Pfeffer würzen. Die Petersilie unterrühren. Auskühlen lassen. Den Teig auf bemehlter Fläche ausrollen. Eine Springform von 28 Zentimeter Durchmesser ausbuttern, den Teig einfüllen und einen Rand hochziehen. Die Champignonmasse auf dem Teig verteilen und mit dem Käse bedecken. Im vorgeheizten Backofen bei 200 °C (Gas Stufe 3, Umluft 180 °C) etwa 25 Minuten backen.

Kräutertörtchen

300 g Mehl
15 g Hefe
$^1/_8$ l Milch
Je 1 EL getrockneter
Oregano, Thymian
und Majoran
1 Prise Salz
Für die Creme
2 Blatt weiße Gelatine
250 g Roquefort
2 EL Schmant
3 EL Weißwein
250 g Sahne
Außerdem
2 EL Pflaumenmus
2 EL geröstete
Mandelblättchen

Das Mehl in eine Schüssel sieben, in die Mitte eine Vertiefung drücken. Die Hefe in lauwarmer Milch verrühren, in die Vertiefung gießen, etwas Mehl darüber stäuben und zugedeckt 15 Minuten gehen lassen. Auf den Mehlrand die Kräuter und das Salz geben, von der Mitte her die Zutaten zu einem glatten Teig verkneten. Zugedeckt 15 Minuten gehen lassen. Den Teig auf bemehlter Fläche ausrollen, Kreise im Durchmesser von 10 Zentimetern ausstechen. Ein Backblech ausbuttern, die Kreise auflegen und im vorgeheizten Backofen bei 200 °C (Gas Stufe 3, Umluft 180 °C) etwa 12 Minuten backen.
Für die Creme die Gelatine in etwas kaltem Wasser einweichen. Den Käse zerdrücken und mit dem Schmant

verrühren. Die Gelatine ausdrücken, leicht in dem Weißwein erwärmen, auflösen und unter die Käsemischung rühren. Die Sahne steif schlagen und unterziehen. Die Teigkreise mit der Mischung bestreichen und jeweils drei Stück übereinander setzen. Einen Klecks Pflaumenmus in die Mitte geben. Mandelblättchen aufstreuen.

Gemüsekuchen

250 g Blätterteig (tiefgekühlt)
400 g Brokkoli
Salz
150 g Schmant
3 EL geriebener Emmentaler
1 Ei
Pfeffer aus der Mühle
1/2 TL mildes Currypulver

Den Blätterteig auftauen. Brokkoli zerkleinern und in Salzwasser 5 Minuten garen. Eine Springform mit kaltem Wasser ausspülen und mit dem Blätterteig auslegen. Den Teig mit einer Gabel mehrmals einstechen. Schmant und Emmentaler mit dem Ei verrühren. Mit Salz, Pfeffer und Currypulver würzen. Den Brokkoli auf dem Teig anordnen, die Schmantmischung darüber geben. Im vorgeheizten Backofen bei 200 °C (Gas Stufe 3, Umluft 180 °C) etwa 25 Minuten backen.

Tomatentörtchen mit Mozzarella

300 g Blätterteig
(tiefgekühlt)
1 Schalotte
1 Knoblauchzehe
5 Tomaten
1 EL Öl
2 EL getrockneter Oregano
Salz
Pfeffer aus der Mühle
2 EL Schmant
250 g Mozzarella
Geröstete Pinienkerne

Den Blätterteig auftauen. Schalotte und Knoblauch abziehen und fein schneiden. Die Tomaten überbrühen, die Haut abziehen und die Tomaten in kleine Würfel schneiden. Das Öl erhitzen, Schalotte und Knoblauch hineingeben, kurz dünsten, die Tomatenwürfel dazugeben und bei starker Hitze garen, bis die Masse dicklich ist. Oregano zufügen, mit Salz und Pfeffer abschmecken. Vom Herd nehmen, auskühlen lassen und den Schmant einrühren. Mozzarella in Scheiben schneiden. Den Blätterteig auf bemehlter Fläche ausrollen. Torteletttförmchen von 10 Zentimeter Durchmesser mit kaltem Wasser ausspülen, mit dem Teig auskleiden, die Tomatenmischung darauf verteilen und mit Mozzarellascheiben bedecken. Im vorgeheizten Backofen bei 220 °C (Gas Stufe 4, Umluft 200 °C) etwa 12 Minuten backen. Mit Pinienkernen garnieren.

Pilztörtchen

300 g Blätterteig (tiefgekühlt)
2 Schalotten
400 g Champignons
60 g Butter
2 EL Weißwein
Salz
Pfeffer aus der Mühle
1 Prise abgeriebene Muskatnuss
3 Eier
100 g geriebener Emmentaler
1 Bund Schnittlauch

Den Blätterteig auftauen. Die Schalotten abziehen und fein schneiden. Die Champignons putzen und feinblättrig schneiden. Die Butter erhitzen, die Schalotten darin andünsten, die Champignons zugeben und mitdünsten, bis die Flüssigkeit verdampft ist. Mit Weißwein ablöschen. Salz, Pfeffer und Muskat zugeben. Etwas auskühlen lassen. Eier und Käse verrühren. Den Schnittlauch in feine Röllchen schneiden, zwei Drittel unter die Champignons rühren. Den Blätterteig auf bemehlter Fläche ausrollen. Tortelettförmchen mit kaltem Wasser ausspülen, mit Blätterteig auskleiden, die Champignonmasse einfüllen und mit der Ei-Käse-Mischung bedecken. Im vorgeheizten Backofen bei 220 °C (Gas Stufe 4, Umluft 200 °C) etwa 12 Minuten backen. Herausnehmen und mit dem restlichen Schnittlauch bestreuen.

Fruchtige Käsetörtchen

350 g Mehl
1 TL Salz
2 EL Öl
300 g Emmentaler
6 Scheiben Ananas (aus der Dose)
2 EL Mandelstifte
4 EL Schmant

Außerdem
2 EL Schmant
2 EL Preiselbeeren

Mehl und Salz vermischen, Öl und 200 Milliliter Wasser unterkneten und einen geschmeidigen Teig bereiten. Zugedeckt 30 Minuten ruhen lassen. In der Zwischenzeit den Käse und die Ananas in kleine Stücke schneiden und mit den Mandelstiften und dem Schmant vermischen. Den Teig auf bemehlter Fläche ausrollen, Kreise von 12 Zentimeter Durchmesser ausstechen, auf jeden Kreis einen Klecks von der Ananas-Käse-Mischung geben. Die Teigränder nach oben über der Füllung wie zu einem Säckchen zusammenziehen. Dabei eine Öffnung von knapp 1 Zentimeter lassen. Ein Backblech mit Backpapier auslegen, die Törtchen aufsetzen und im vorgeheizten Backofen bei 220 °C (Gas Stufe 4, Umluft 200 °C) etwa 15 Minuten backen. Herausnehmen, mit Schmant und Preiselbeeren garnieren und noch warm servieren.

Käse-Windbeutel

50 g Butter
1 Prise Salz
75 g Mehl
50 g Buchweizenmehl
4 Eier

Für die Füllung
50 g Roquefort
100 g Doppelrahmkäse
250 g Sahne
1 EL Preiselbeerkonfitüre

Butter und Salz mit 200 Milliliter Wasser zum Kochen bringen. Das Mehl mit dem Buchweizenmehl vermischen, in das kochende Wasser schütten und unter Rühren bei schwacher Hitze kochen, bis sich die Masse als Kloß vom Topfboden löst. Den Teig in eine Schüssel geben, nach und nach die Eier einrühren. Sobald die Masse ausgekühlt ist, in einen Spritzbeutel mit Sterntülle füllen. Ein Backblech mit Backpapier auslegen und walnussgroße Tupfer aufsetzen. Im vorgeheizten Backofen bei 200 °C (Gas Stufe 3, Umluft 180 °C) etwa 12 Minuten backen. Herausnehmen, auf einem Kuchengitter auskühlen lassen und waagerecht durchschneiden.
Den Roquefort in eine Schüssel geben und mit einer Gabel zerdrücken. Den Doppelrahmkäse zufügen und unterrühren. Die Sahne steif schlagen und unter den Käse heben. Zuletzt die Preiselbeerkonfitüre unterheben. Die Windbeutel damit füllen und kalt stellen.

ÜBER DIESES BUCH

Die Autorin Oda Tietz hat Germanistik studiert und danach als Journalistin gearbeitet. Seit 20 Jahren konzentriert sie sich auf den Bereich Kochen und Ernährung. Ergebnis dieser Tätigkeit ist eine Vielzahl höchst erfolgreicher Kochbücher. Oda Tietz lebt in Leipzig.

Die Illustratorin Beate Brömse ist Illustratorin und Malerin. Ihre Arbeiten wurden u.a. in »graphis annual« und »novum« veröffentlicht. Sie lebt in München.

Haftungsausschluss Die Inhalte dieses Buches sind sorgfältig recherchiert und erarbeitet worden. Dennoch kann weder die Autorin noch der Verlag für die Angaben in diesem Buch eine Haftung übernehmen.

Weltbild Buchverlag
–Originalausgaben–

2. Auflage 2003

Projektleitung: Friederike Lutz
Redaktion: Heike Pressler
Umschlag/Layout/DTP/Satz: Lydia Koch, Augsburg
Titelbild: Karl Newedel, München
Reproduktion: P.O.M., Augsburg
Druck und Bindung: Oldenbourg Taschenbuch GmbH,
Hürderstraße 4, 85551 Kirchheim
Gedruckt auf chlorfrei gebleichtem Papier

ISBN 3-89604-831-7

Unsere Rezepte werden von erfahrenen Fachautoren kreiert und erprobt. Wir freuen uns jedoch über Anregungen, Tipps oder Kritik und helfen bei Fragen gerne weiter. Bitte wenden Sie sich an: Weltbild Buchverlag, Steinerne Furt 67, 86167 Augsburg, oder schicken Sie uns eine E-Mail an: Simone.Abele@weltbild.de

REZEPTVERZEICHNIS